Grammatik Italienisch kurz & bündig

von
Maria Teresa Arbia

Ernst Klett Verlag
Stuttgart · Düsseldorf · Leipzig

PONS Grammatik Italienisch
kurz & bündig
von Maria Teresa Arbia

1. Auflage A 1 ⁴ ³   I 2000 1999

© Ernst Klett Verlag GmbH, Stuttgart 1998
Internetadresse: http://www.pons.de
Alle Rechte vorbehalten.
Redaktion: Drs. Jan Cloeren
Zeichnungen: Claudia Seeger, Reutlingen
Einbandgestaltung: Erwin Poell, Heidelberg;
Ilona Arfaoui, Stuttgart
Layout/Satz: Satz & mehr, Besigheim
Druck: Milanostampa, Farigliano
Printed in Italy.
ISBN 3-12-560628-4

So benutzen Sie dieses Buch

Sie wollen die Regeln der italienischen Sprache auf einfache und verständliche Weise erlernen oder wiederholen, Sie möchten bei speziellen Fragen aber auch schnell und gezielt nachschlagen können.
Die **PONS Grammatik Italienisch kurz & bündig** bietet Ihnen eine **übersichtliche Darstellung** der aktuellen italienischen Sprache. Die **klar formulierten Regeln** werden durch zahlreiche Beispiele mit deutschen Übersetzungen veranschaulicht.
Die **PONS Grammatik** warnt auch vor **typischen Fehlerquellen**, die gerade deutschsprachigen Italienischlernenden häufig passieren.
Bei der Arbeit mit diesem Buch helfen Ihnen die folgenden Symbole:

Vorsicht! Hier wird auf eine **Regel** oder eine **Besonderheit** hingewiesen, die man nicht übersehen sollte.

Hier werden **Unterschiede** zwischen dem Deutschen und dem Italienischen aufgezeigt, die Sie besonders beachten sollten.

Hier werden Ihnen **Ausnahmen** und Alternativen zum betreffenden Grammatikthema vorgestellt.

Hier lernen Sie nützliche **Redewendungen**.

Dieses Symbol weist auf Besonderheiten in der italienischen **Umgangssprache** und **Schriftsprache** hin.

Kleine **Tipps** verraten Ihnen an dieser Stelle, wie Sie sich die Regeln besser merken können.

Wenn Sie etwas gezielt nachschlagen möchten, führt Sie das ausführliche **Stichwortregister** im Anhang schnell zur richtigen Stelle. So wird die **PONS Grammatik** zu Ihrem wertvollen Begleiter beim Erlernen der italienischen Sprache.

Viel Spaß und Erfolg!

Inhalt

1	*Arriva un bastimento carico di...* – Etwas zu Laut und Schrift	7
2	*Diamo i numeri!* – Das Zahlwort	8
2.1	Die Grundzahlen	8
2.2	Die Ordnungszahlen	10
2.3	Die Vervielfältigungszahlen	11
2.4	Die Kollektivzahlen	11
2.5	Maße und Gewichte	11
3	*Pane, amore e fantasia* – Das Substantiv	12
3.1	Geschlecht der Substantive	12
3.2	Personenbezeichnungen	13
3.3	Zusammengesetzte Substantive	14
3.4	Plural der Substantive	14
3.5	Bedeutungsabstufungen durch besondere Endungen	18
3.6	Die vier Fälle	18
4	*Biondo era, e bello, e di gentile aspetto...* – Das Adjektiv	19
4.1	Übereinstimmung mit dem Substantiv	19
4.2	Besondere Eigenschaften der Adjektive	20
4.3	Die Stellung des Adjektivs	21
4.4	Adjektive als Adverbien	23
4.5	Adjektive als Substantive	23
4.6	Die Steigerung des Adjektivs	23
5	*Il cuoco, il ladro...* – Der Artikel	25
5.1	Der bestimmte Artikel	25
5.2	Verschmelzung von Präpositionen mit dem bestimmten Artikel	27
5.3	Der unbestimmte Artikel und der Teilungsartikel	28
6	*Io, la luna e tu* – Das Pronomen	29
6.1	Betonte Personalpronomen	29
6.2	Unbetonte Personalpronomen	31
6.3	Das Pronominaladverb *ci*	32
6.4	Das Pronominaladverb *ne*	33
6.5	Kombinationsformen des unbetonten Pronomens	33
6.6	Stellung der unbetonten Pronomen	34

7	*Questa o quella, per me pari sono...* – Die Demonstrativa	35
7.1	Die Demonstrativadjektive *questo* und *quello*	35
7.2	Die Demonstrativpronomen *questo* und *quello*	36
7.3	*Costui, colui, stesso* – Weitere Demonstrativa	37
8	*A ciascuno il suo* – Die Possessiva	37
8.1	Die Possessivadjektive	37
8.2	Weitere Possessiva	38
8.3	Die Possessivpronomen	39
9	*Chi cerca trova* – Die Relativpronomen	40
9.1	Die Relativpronomen *che, cui* und *quale*	40
9.2	Weitere Relativa	41
10	*Chi l'ha visto?* – Die Fragewörter	42
11	*Chi troppo vuole nulla stringe* – Die unbestimmten Pronomen und Adjektive	44
11.1	Die Formen der indefiniten Pronomen	44
11.2	Der Gebrauch der indefiniten Pronomen	44
12	*Prendere o lasciare!* – Die Formen der regelmäßigen Verben	48
12.1	Die Verben auf *-are*	48
12.2	Die Verben auf *-ere*	50
12.3	Die Verben auf *-ire*	52
12.4	Das reflexive Verb	53
12.5	Die Hilfsverben	54
13	*Sbagliando s'impara* – Der Gebrauch der Modi und Zeiten	58
13.1	Der Indikativ	58
13.1.1	Das *Presente*	58
13.1.2	Das *Passato prossimo*	59
13.1.3	Das *Passato remoto*	60
13.1.4	Das *Imperfetto*	60
13.1.5	Gegenüberstellung von *Imperfetto* und *Passato prossimo*	61
13.1.6	Das *Trapassato prossimo* und das *Trapassato remoto*	63
13.1.7	Das *Futuro* und das *Futuro anteriore*	63
13.2	Der Imperativ – Die Befehlsform	64
13.3	Das *Condizionale*	64
13.4	Der *Congiuntivo*	65
13.4.1	Der *Congiuntivo* in Nebensätzen	65
13.4.2	Der *Congiuntivo* im Hauptsatz	68

13.5	Der Bedingungssatz	69
13.6	Die Zeitenfolge	70
13.7	Die indirekte Rede	73
13.8	Der Infinitiv	75
13.9	Das Gerundium	78
13.10	Das Partizip Perfekt	80
13.11	Das Passiv	81
13.12	Wiedergabe von „man" – *si*-Konstruktionen	82
13.13	Besondere Konstruktionen mit den Verben *stare, andare* und *fare*	83
13.14	Die Verben und ihre Objekte	84
14	***Sto stai sta* – Die unregelmäßigen Verben**	85
15	***Precipitevolissimevolmente* – Das Adverb**	95
15.1	Adverbien mit eigener Form	95
15.2	Von Adjektiven abgeleitete Adverbien	95
15.3	Steigerung der Adverbien	95
15.4	Stellung der Adverbien	96
16	***Meglio un uovo oggi che una gallina domani* – Der Komparativ**	97
17	***Ma tu non studi mai?* – Die Verneinung**	98
17.1	Einfache Verneinung: *non* – *no*	98
17.2	Mehrteilige Verneinung	99
18	***Dagli Appennini alle Ande* – Die Präpositionen**	100
19	***Penso, dunque sono* – Die Konjunktionen**	106
19.1	Nebenordnende Konjunktionen	106
19.2	Unterordnende Konjunktionen	107
20	***La pasta la voglio al dente!* – Die Wortstellung**	109
20.1	Der Aussagesatz	109
20.2	Der Fragesatz	110
20.3	Hervorhebung eines Satzteils	110
Stichwortregister		112

1 *Arriva un bastimento carico di...* – Etwas zu Laut und Schrift

Das italienische Alphabet

a	(a)	h	(acca)	o	(o)	v	(vi/vu)
b	(bi)	i	(i)	p	(pi)	w	(doppia vu/vi)
c	(ci)	j	(i lunga)	q	(cu)	x	(ics)
d	(di)	k	(kappa)	r	(erre)	y	(ipsilon/i greca)
e	(e)	l	(elle)	s	(esse)	z	(zeta)
f	(effe)	m	(emme)	t	(ti)		
g	(gi)	n	(enne)	u	(u)		

– Buchstaben sind weiblich (z. B. *la elle*).
– Die Buchstaben j, k, w, x und y kommen nur in Fremdwörtern vor.

Betonung

Die Mehrzahl der italienischen Wörter wird auf der vorletzten Silbe betont (wie *bam<u>bi</u>no*).

Akzent

Es gibt zwei Akzente: den **accento grave** (`) und den **accento acuto** (´). Der *accento grave* kennzeichnet die offene Aussprache (wie in W<u>e</u>tte, h<u>ä</u>tte), während der *accento acuto* die geschlossene Aussprache (wie in n<u>e</u>ben, R<u>e</u>gen) charakterisiert.

Ein Akzent muss im Italienischen gesetzt werden:
– bei mehrsilbigen Wörtern, die auf der letzten Silbe betont werden, wie *caffè, verità, virtù, così, perché*
– bei einsilbigen Wörtern, die auf einen Diphtong enden, wie *può, più*
– bei den folgenden Wörtern. Achten Sie auf den Bedeutungsunterschied mit oder ohne Akzent:

dà = er gibt	**da** = Präposition	**lì** = dort	**li** = Pronomen
è = er ist	**e** = und	**sì** = ja	**si** = sich, man
là = dort	**la** = Artikel/sie	**tè** = Tee	**te** = dich

Ed, ad

Wenn das folgende Wort mit einem Vokal anfängt, wird ein **d** an die Präposition **a** und an die Konjunktionen **e** und seltener **o** angehängt: *tu ed io, vado ad Ankara*.

2 *Diamo i numeri!* – Das Zahlwort
2.1 Die Grundzahlen

Wo die Zahlen unterstrichen sind, liegt der Akzent!
Der letzte Buchstabe von venti, trenta, quaranta, u.s.w. verschwindet, wenn uno oder otto folgen! Beispiele davon sind unten fett markiert.

0	zero	32	trentadue
1	uno	38	trent**o**tto
2	due	40	quaranta
3	tre	50	cinquanta
4	quattro	60	sessanta
5	cinque	70	settanta
6	sei	80	ottanta
7	sette	90	novanta
8	otto	100	cento
9	nove	101	centouno
10	dieci	108	centootto
11	undici	109	centonove
12	dodici	111	centoundici
13	tredici	180	centottanta
14	quattordici	200	duecento
15	quindici	300	trecento
16	sedici	400	quattrocento
17	diciassette	500	cinquecento
18	diciotto	600	seicento
19	diciannove	700	settecento
20	venti	800	ottocento
21	vent**u**no	900	novecento
22	ventidue	1.000	mille
23	ventitré	1.001	milleuno
24	ventiquattro	1.050	millecinquanta
25	venticinque	2.000	duemila
26	ventisei	10.000	diecimila
27	ventisette	100.000	centomila
28	vent**o**tto	1.000.000	un milione
29	ventinove	2.000.000	due milioni
30	trenta	1.000.000.000	un miliardo
31	trent**u**no	3.000.000.000	tre miliardi

34.700 schreibt man *trentaquattromila settecento*

- Grundzahlen sind immer männlich.
- Wenn eine Zahl, die auf **uno** endet, vor einem Substantiv steht, fällt das -o von *uno* weg: *ventun persone, trentun lettere, cinquantun richieste*.
- *Mille* wird im Plural **mila**.
- Es heißt *mille visitatori*, aber: *un milione/miliardo **di** visitatori*.

Gebrauch der Grundzahlen

| 1. **Alter** | Ho trent'anni. | Ich bin dreißig Jahre alt. |

Bei der Altersangabe wird **avere** verwendet.

| 2. **Datum** | Oggi è il tre ottobre.
 aber:
 Oggi è il **primo** ottobre. | Heute ist der dritte Oktober.

 Heute ist der erste Oktober. |

Für den Ersten des Monats wird die Ordnungszahl benutzt.
(= è il primo...)

Datum in Briefen: *Roma, 5/4/1978* *Roma, 5 aprile 1978*

Beachten Sie:

Quanti ne abbiamo oggi?   Den Wievielten haben wir heute?

Auch der bestimmte Artikel dient dazu, das Datum anzugeben:

<u>Il</u> quindici agosto in Italia si festeggia il ferragosto.   <u>Am</u> 15. August feiert man in Italien ferragosto.

| 3. **Jahres-zahlen** | nell'anno/nel 1997
 Schiller visse dal 1759 al 1805. | (im Jahre) 1997
 Schiller lebte von 1759 bis 1805. |

| 4. **Uhrzeit** | Sono le sette (in punto).
 Sono le sette e cinque.
 Sono le sette e un quarto.
 Sono le sette e mezzo.
 Sono le otto meno un quarto.
 Il treno parte alle ore ventidue zero quattro.
 alle otto del mattino | Es ist (Punkt) sieben.
 Es ist fünf nach sieben.
 Es ist Viertel nach sieben.
 Es ist halb acht.
 Es ist Viertel vor acht.

 Der Zug fährt um 22.04 Uhr ab.
 um acht Uhr morgens |

| 5. **Maß-angaben** | Il monte è alto tremila metri.
 Il lago è profondo quattro metri. | Der Berg ist 3000 Meter hoch.
 Der See ist vier Meter tief. |

2.2 Die Ordnungszahlen

1°	primo	40°	quarantesimo
2°	secondo	50°	cinquantesimo
3°	terzo	60°	sessantesimo
4°	quarto	70°	settantesimo
5°	quinto	80°	ottantesimo
6°	sesto	90°	novantesimo
7°	settimo	100°	centesimo
8°	ottavo	101°	centunesimo
9°	nono	102°	centesimosecondo
10°	decimo	200°	duecentesimo
11°	undicesimo	300°	trecentesimo
12°	dodicesimo	400°	quattrocentesimo
13°	tredicesimo	500°	cinquecentesimo
14°	quattordicesimo	600°	seicentesimo
15°	quindicesimo	700°	settecentesimo
16°	sedicesimo	800°	ottocentesimo
17°	diciassettesimo	900°	novecentesimo
18°	diciottesimo	1.000°	millesimo
19°	diciannovesimo	1.001°	millesimoprimo
20°	ventesimo	1.002°	millesimosecondo
21°	ventunesimo	2.000°	duemillesimo
22°	ventiduesimo	3.000°	tremillesimo
23°	ventitreesimo	10.000°	diecimillesimo
30°	trentesimo	100.000°	centomillesimo
31°	trentunesimo	1.000.000°	milionesimo

Im Gegensatz zum Deutschen wird die Ordnungszahl nicht mit einem Punkt nach der Zahl angezeigt, sondern mit dem letzten Buchstaben der Ordnungszahl, der hochgestellt wird: *il 1° piano, la 2ª classe*

Gebrauch der Ordnungszahlen

1. Jahrhunderte	il diciannovesimo secolo das 19. Jahrhundert

Ab dem 13. Jahrhundert werden im Italienischen Jahrhunderte auch anders bezeichnet:

il '200 (= das 13. Jahrhundert), *il '300* (das 14. Jahrhundert) usw.
Il '900 ist also das Jahrhundert, in dem wir leben (oder auch *il 20° secolo*).

2. **Päpste, Könige**	Luigi XIV. Ludwig XIV.
	Luigi quattordicesimo

Vorsicht: Vor der Ordnungszahl steht kein Artikel!

2.3 Die Vervielfältigungszahlen

Eine Menge, die zweimal, dreimal usw. größer ist als eine andere:
Doppio (doppelt), *triplo* (dreifach), *qu_a_druplo* (vierfach), *qui_n_tuplo* (fünffach), *s_e_stuplo* (sechsfach), *d_e_cuplo* (zehnfach), *c_e_ntuplo* (hundertfach).

Quella casa costa il triplo.   Jenes Haus kostet das Dreifache.

„Dreimal so viel" (usw.) heißt **tre volte tanto (usw.)**:

Lavoro quattro volte tanto.   Ich arbeite viermal so viel.

2.4 Die Kollektivzahlen

Kollektivzahlen sind *una decina* (etwa 10), *una dozzina* (12), *una ventina* (etwa 20), *una trentina* (etwa 30) usw., *un centinaio* (etwa 100), *un migliaio* (etwa 1000).

2.5 Maße und Gewichte

1 mm	un millimetro	100 g	un etto(grammo)
1 cm	un centimetro	200 g	due etti
1 m	un metro	1 kg	un chilo(grammo)
1 km	un chilometro	50 kg	mezzo quintale
1 m^2	un metro quadro /quadrato	100 kg	un quintale
		1 t	una tonnellata
1 m^3	un metro cubo	1° +/-	un grado sopra/sotto zero
1 l	un litro		

Aufgepasst!

– 200 g Käse   due etti **di** formaggio
– ein Meter Stoff   un metro **di** stoffa
– ein Pfund   mezzo chilo

3 *Pane, amore* e *fantasia* – Das Substantiv

3.1 Geschlecht der Substantive

Woran kann man das Geschlecht italienischer Substantive (Hauptwörter) erkennen? Man muss wissen, dass sie entweder männlich oder weiblich sind (ein Neutrum kennt das Italienische nicht). Die Mehrzahl von ihnen ist drei großen Klassen zuzuordnen:

	männlich	weiblich	Aber:
Substantive auf -*o* = meist männlich	il telefono il cielo il libro		Es gibt auch **einige** weibliche Substantive auf -*o*, wie l'auto, la biro, la foto, la mano, la moto, la radio
Substantive auf -*a* = meist weiblich		l'amica la bicicletta la carta	Es gibt auch **viele** männliche Substantive auf -*a*, wie il cinema, il dentista, il poeta, il programma
Substantive auf -*e* = entweder männlich oder weiblich	il mese l'elefante il dente	la chiave la madre la notte	

Achtung: Das Geschlecht der **Substantive auf** -*e* erkennt man nur an den Artikeln oder an den begleitenden Adjektiven:

la chiave piccola (weiblich), *l'elefante grigio* (männlich)

Männlich sind außerdem:
1. Substantive, die **mit einem Konsonanten** enden: *il bar, il film, il camion*
2. Substantive auf -*one*: *il sapone, il cotone* (aber: *la canzone*)
3. die meisten Namen von **Meeren, Seen, Flüssen, Pässen und Bergen**: *il Reno, il Vesuvio, il Po* (aber: *la Loira, la Marna, la Garonna, la Senna, le Alpi, le Ande*)
4. **Monate** und **Wochentage**: *il giugno, il venerdì* (aber: *la domenica*)
5. **Grundzahlen**: *il quattro*

Weiblich sind außerdem:
1. Substantive auf -*zione*: *la lezione, la nazione, la lozione*
2. Substantive auf -*tà*, -*tù*: *la felicità, la virtù*
3. Substantive auf -*ie*: *la superficie*

4. **Substantive auf -i:** *l'analisi, la paralisi, la tesi* (aber: *il taxi/tassì, l'alibi, il brindisi*)
5. **Städte- und Inselnamen:** *la Corsica* (aber: *il Cairo, il Madagascar*)
6. **Automarken:** *la Ferrari*
7. **Buchstaben** (→ Kap. 1): *la f*
8. **Früchte:** *la noce, la pera* (aber: *il melone*)

3.2 Personenbezeichnungen

Männliche und weibliche Bezeichnungen von Personen unterscheiden sich oft in der Endung. Die häufigsten Endungspaare sind:

Endungen	männlich	weiblich
-o/-a	il ragazzo	la ragazza
-e/-a	il signore	la signora
-tore/-trice	l'attore	l'attrice
-e/-essa	lo studente	la studentessa

Achtung: Leider können Personenbezeichnungen nicht immer nur nach diesen Muster abgeleitet werden. Ausnahmen sind häufig: z. B. il *nipote/la nipote, il dottore/la dottoressa.*

Weibliche Substantive, die mit dem Suffix *-essa* von der männlichen Form abgeleitet worden sind (*il medico-la medichessa*) und die traditionell männliche Berufe oder Ämter bezeichnen, tragen häufig eine negative Nebenbedeutung, weshalb man lieber auch für Frauen die männliche Form benutzen sollte: *l'avvocato Carla Sofri, il presidente Giuliana Zandonella*. Neuerdings findet man auch die entsprechende weibliche Form mit der Endung *-a.*
Also nicht *la ministressa Canzoneri*! Lieber **il ministro/la ministra** *Canzoneri.*

Bei den folgenden Personenbezeichnungen lässt sich das Geschlecht nur am Artikel oder an einem begleitenden Adjektiv erkennen, da sie sich in der Form nicht unterscheiden:

1. einige männliche Substantive auf *-a,* insbesondere die auf *-ista* und *-cida: il/la collega* (der Kollege/die Kollegin), *il/la turista* (der Tourist/die Touristin), *l'omicida* (der Mörder/die Mörderin)

2. Substantive auf *-ante/-(i)ente: il/la cantante* (der Sänger/die Sängerin), *il/la cliente* (der Kunde/die Kundin)

3. Substantive auf *-ese: il/la francese* (der Franzose/die Französin)

Achtung allerdings bei der Pluralbildung: Da unterscheiden sich Substantive auf *-a* voneinander:

i colleg**hi** (die Kollegen), le colleg**he** (die Kolleginnen)

3.3 Zusammengesetzte Substantive

Meist entsprechen den deutschen zusammengesetzten Substantiven im Italienischen präpositionale Fügungen:

mit **di**:	la casa dello studente	das Studentenwohnheim
mit **a**:	il televisore a colori	der Farbfernseher
mit **da**:	la vasca da bagno	die Badewanne
mit **per**:	il corso per principianti	der Anfängerkurs
mit **in**:	il ballo in maschera	der Maskenball
mit **su**:	il vestito su misura	der Maßanzug

Verbindungen ohne Präpositionen sind ziemlich selten, z. B.:

la busta paga (die Lohntüte), *il vagone ristorante* (der Speisewagen)

3.4 Plural der Substantive

Männliche Substantive auf *-o* und alle Substantive auf *-e* bilden den Plural auf *-i*; weibliche Substantive auf *-a* bilden den Plural auf *-e*:

	Singular	Plural
männlich	il libro	i libri
männlich	il pesce	i pesci
weiblich	la madre	le madri
weiblich	la casa	le case

Besonderheiten bei der Pluralbildung
Substantive auf *-co, -ca, -go, -ga*
Männliche Substantive

Männliche Substantive auf *-co, -go* mit Betonung auf der vorletzten Silbe bilden den Plural auf *-chi, -ghi*:

il b**u**co, i b**u**chi   das Loch, die Löcher
il l**a**go, i l**a**ghi   der See, die Seen

Ausnahmen: *l'amico – gli amici; il greco – i greci*

Männliche Substantive auf -co, -go mit Betonung auf der drittletzten Silbe bilden den Plural auf -ci, -gi:

il medico, i medici	der Arzt, die Ärzte
l'asparago, gli asparagi	der Spargel, die Spargeln

Ausnahmen: *il carico – i carichi, l'obbligo – gli obblighi*

Der Plural der **Substantive auf -logo** lautet:
- bei **Personenbezeichnungen** *-logi:*
  il teologo – i teologi, l'astrologo – gli astrologi
- bei **Sachen** *loghi:*
  il catalogo – i cataloghi, il dialogo – i dialoghi

<u>Weibliche Substantive</u>

Weibliche Substantive auf *-ca* und *-ga* bilden immer den Plural auf *-che, -ghe:*

la maga, le maghe	die Magierin, die Magierinnen
l'armonica, le armoniche	die Mundharmonika, die Mundharmoniken

Substantive auf *-io*, *-ia*

- Bei Substantiven mit **betontem** *-i-* wird die regelmäßige Pluralbildung angefügt (was bei männlichen Substantiven zu *-ii* führt):

lo zio, gli zii	der Onkel, die Onkel
la bugia, le bugie	die Lüge, die Lügen

- Substantive auf *-io* mit **unbetontem** *-i-* bilden den Plural auf *-i:*

l'armadio, gli armadi	der Schrank, die Schränke
il negozio, i negozi	der Laden, die Läden

- Substantive auf *-cia* und *-gia* mit **unbetontem** *-i-* bilden den Plural auf *-ce, -ge,* wenn dem *-c-* oder dem *-g-* ein weiterer Konsonant vorausgeht, auf *-cie, -gie,* wenn ein Vokal vorausgeht.
  Bei Substantiven auf *-glia* steht im Plural *-glie:*

l'arancia, le arance	die Orange, die Orangen
la spiaggia, le spiagge	der Strand, die Strände
la camicia, le camicie	das Hemd, die Hemden
la figlia, le figlie	die Tochter, die Töchter

Männliche Substantive auf *-a*

Männliche Substantive auf *-a* bilden den Plural auf *-i:*

il problema, i problemi	das Problem, die Probleme

Substantive mit unveränderter Form im Plural

Unverändert bleiben im Plural:

1. Substantive mit betontem Vokal im Auslaut, und somit auch einsilbige Substantive:

   il caffè, i caffè der Kaffee, die Kaffees
   il re, i re der König, die Könige

2. Substantive, die auf einen Konsonanten enden (ursprünglich als Fremdwörter in das Italienische aufgenommen):

   il camion, i camion der/die Lastkraftwagen

3. abgekürzte Substantive:

   la foto, le foto das Foto, die Fotos

4. Substantive auf *-i* und *-ie*:

   la crisi, le crisi die Krise, die Krisen
   la serie, le serie die Serie, die Serien

5. Familiennamen: i Rossi, i Brunetti (= die Rossis, die Brunettis)

Substantive mit Geschlechtswechsel

Einige männliche Substantive werden im Plural weiblich und enden dabei auf *-a*. So z. B. *il dito – le dita* (der Finger), *il ginocchio – le ginocchia* (das Knie), *il miglio – le miglia* (die Meile), *il paio – le paia* (das Paar), *l'uovo – le uova* (das Ei)

Das Adjektiv richtet sich aber auch in diesen Fällen nach dem tatsächlichen Geschlecht des Substantivs:

l'uovo sod**o** das gekochte Ei
le uov**a** sod**e** die gekochten Eier

Substantive mit doppelter Pluralform

Einige Substantive haben eine doppelte Pluralform, eine männliche auf *-i* und eine weibliche auf *-a*, die sich auch in der Bedeutung unterscheiden. Häufig bezeichnen die Formen auf *-a* den eigentlichen Sinn, die Formen auf *-i* den übertragenen.

il braccio:	i bracci	die Arme (eines Flusses)	le braccia	die Arme (des Menschen)
il ciglio:	i cigli	die Ränder (der Straße)	le ciglia	die Wimpern

il filo:	i fili	Fäden/Drähte	le fila	die Fäden (der Verschwörung)
il gesto:	i gesti	die Gesten	le gesta	die Heldentaten
il grido:	i gridi	die Schreie (der Tiere)	le grida	die Schreie (der Menschen)
il labbro:	i labbri	die Ränder	le labbra	die Lippen
il membro:	i membri	die Mitglieder	le membra	die Gliedmaßen
il muro:	i muri	die Mauern	le mura	die Stadtmauern
l'osso:	gli ossi	einzelne Knochen	le ossa	die Knochen eines Organismus

Für die Pluralbildung gilt: zur Sicherheit immer im Wörterbuch nachschlagen!

Eine andere Möglichkeit als sich aufwendige Regeln und Ausnahmen zu merken: Lernen Sie bei einem Substantiv am besten auch gleich die dazu gehörende Pluralform.

Zusammengesetzte Substantive

Die meisten zusammengesetzten Substantive bilden den Plural wie einfache Substantive (*il francobollo – i francobolli*).
In besonderen Fällen werden andere Formen gebraucht, z. B. *il pesce spada – i pesci spada* (der Schwertfisch – die Schwertfische)
Und zum Schluss noch ein paar nützliche Hinweise:

Merken Sie sich diese Einzelfälle:

il dio, gli dei	der Gott, die Götter
la mano, le mani	die Hand, die Hände
l'uomo, gli uomini	der Mann, die Männer

Anders als im Deutschen:

- *La gente* (die Leute) und *l'uva* (die Trauben) sind im Italienischen Singular!
- *Le forbici* (die Schere), *i baffi* (der Schnurrbart), *i soldi* (das Geld), *i pantaloni/calzoni* (die Hose), *gli occhiali* (die Brille) stehen im Italienischen immer im Plural!
- Die männliche Pluralform bezeichnet auf Italienisch nicht nur zwei männliche Substantive, sondern auch eine „gemischte" Mehrzahl (weiblich **und** männlich):

  i nonni = die Großeltern, *i fratelli* = die Brüder, **aber auch** die Geschwister

3.5 Bedeutungsabstufungen durch besondere Endungen

Italienische Substantive können durch besondere Endungen verschiedene Färbungen erhalten. Die häufigsten Endungen und ihre Bedeutungen können Sie in der folgenden Tabelle finden:

Vergrößerung: **-one**	un ragazzone	ein großer Junge
Verkleinerung/Koseform: **-ino** **-etto** **-ello**	un ragazzino un ragazzetto un paesello	ein kleiner Junge ein nettes kleines Dorf
Abwertende Suffixe: **-accio** **-astro**	un ragazzaccio una parolaccia un poetastro	ein böser/schlimmer Junge ein Schimpfwort ein schlechter Dichter

Manchmal kann ein Wort auch zwei verschiedene Endungen haben wie z. B.:

un pezzo (ein Stück): *un pezzetto* (Stückchen) oder *un pezzettino* (ein ganz kleines Stückchen)

3.6 Die vier Fälle

Dem Italienischen (wie übrigens auch den anderen romanischen Sprachen) ist der Begriff von Fällen (Nominativ, Akkusativ usw.) fremd. Subjekt und direktes Objekt haben die gleiche Form:

La scimmia mi sorride.	Der Affe lächelt mich an.	Wer?
Vedi **la scimmia**?	Siehst du den Affen?	Wen?

Das indirekte Objekt wird im Italienischen meist durch die Präposition *a* ausgedrückt:

Scrivo una cartolina **a** Luigi.	Ich schreibe Luigi eine Karte.	Wem?

Der deutsche Genitiv (Zugehörigkeit) wird im Italienischen meist durch die Präposition *di* ausgedrückt:

la poesia **di** Goethe	Goethes Dichtung	Wessen?
il libro **dello** scolaro	das Buch des Schülers	

4 *Biondo era, e bello, e di gentile aspetto...* – Das Adjektiv

4.1 Übereinstimmung mit dem Substantiv

Im Italienischen gibt es zwei Klassen von Adjektiven:
- Adjektive, die eine männliche Form auf *-o* und eine weibliche Form auf *-a* haben (die im Plural zu *-i* bzw. *-e* werden),
- Adjektive, die für beide Geschlechter eine einzige Form haben, und zwar auf *-e* (Plural auf *-i*).

	Singular	Plural
m	un testo complicato	testi complicati
w	una grammatica complicata	grammatiche complicate
m	un testo } difficile	testi } difficili
w	una grammatica	grammatiche

Adjektive richten sich im Italienischen in Geschlecht und Zahl immer nach den Substantiven/Personen, auf die sie sich beziehen (auch wenn das Verb dazwischen steht):

männlich	Gianni è spiritoso.	Gianni e Carlo sono spiritosi.
männlich und weiblich		Gianni e Maria sono spiritosi.
weiblich	Maria è spiritosa.	Maria e Tina sono spiritose.

Wenn die bezeichneten Substantive/Personen aus einer gemischten (männlichen und weiblichen) Mehrzahl bestehen, verwendet man im Italienischen die männliche Pluralform des Adjektivs.

Auch wenn ein Adjektiv sich auf ein **unbestimmtes Subjekt** bezieht (im Deutschen „man"; → Kap. 13.12), wird die männliche Pluralform benutzt – es sei denn, es sind **nur** Frauen/weibliche Substantive gemeint:

Bisogna essere sinceri.   Man muss ehrlich sein.
Quando si è incinte ci si sente   Wenn man schwanger ist,
  pesanti.   fühlt man sich schwer.

4.2 Besondere Eigenschaften der Adjektive

Adjektive auf -re

Bei Adjektiven auf *-re* kann das *e* weggelassen werden, wenn sie unmittelbar vor einem Substantiv stehen: *maggiore – il maggior numero* (die größte Zahl); *peggiore – il peggior nemico* (der schlimmste Feind).

Pluralbildung der Adjektive auf -co/ca, -go/ga, -io/ia, -ista

Für Adjektive mit den obigen Endungen gelten in der Pluralbildung meist die gleichen Regeln wie bei Substantiven (➔ Kap. 3).
Aber Achtung: Adjektive auf *-go* bilden (anders als die Substantive!) den Plural **immer** auf **-ghi**!

Pluralbildung der zusammengesetzten Adjektive

Bei zusammengesetzten Adjektiven ändert sich nur der zweite Bestandteil: *sordomuto, sordomuti* (taubstumm).

Unveränderliche Adjektive

Folgende Adjektive sind unveränderlich:

- manche **Farbbezeichnungen**:
  arancio (orange), *beige, blu* (dunkelblau), *lilla, rosa, turchese* (türkis), *viola* (violett)
- **zusammengesetzte** Farbbezeichnungen: *pantaloni verde chiaro* (hellgrüne Hose); *gonne giallo senape* (senfgelbe Röcke).
- Adjektive, die aus adverbialen Wendungen stammen, z. B.: *perbene* (anständig): *uomini perbene*
- Adjektive, die als Fremdwörter gelten, z. B.: *chic, snob, standard, tabù*

bello, buono, grande, santo

Bello, buono, grande, santo haben wie die Artikel Kurzformen.

Bello verhält sich vor männlichen Substantiven wie der bestimmte Artikel (➔ Kap. 5) und wie *quello* (➔ Kap. 7):

il bambino – un be**l** bambino	**i** bambini	– be**i** bambini
lo studente – un be**llo** studente	**gli** studenti	– be**gli** studenti
l'amico – un bel**l'**amico	**gli** amici	– be**gli** amici

Bei der weiblichen Form ist es möglich, vor Substantiven, die mit Vokal anfangen, einen Apostrophen zu setzen: *una bella amica,* **aber auch** *una bell'amica.*

Buono verhält sich vor männlichen Substantiven wie der unbestimmte Artikel (➜ Kap. 5.3):

un bambino	– un buo**n** bambino
uno studente	– un buo**no** studente
un amico	– un buo**n** amico

Grande kann vor einem Substantiv im Singular zu **gran** gekürzt werden: *una gran/grande confusione* (ein großes Durcheinander), *un gran/grande sognatore* (ein großer Träumer).
Das ist bei Substantiven ausgeschlossen, die mit s + Konsonant, z, x, gn, pn oder ps beginnen: *un grande scrittore, una grande zona*.

Santo wird zu **san** gekürzt, wenn es vor einem männlichen Heiligennamen steht, der mit Konsonant beginnt (außer vor s + Konsonant): *san Lorenzo*, aber: *santo Stefano*

4.3 Die Stellung des Adjektivs

Während das Adjektiv im Deutschen immer vor dem Substantiv steht, kann es im Italienischen **vor oder nach** dem Substantiv stehen.

Vor dem Substantiv stehen meist folgende Adjektive: *bello, bravo, buono, caro, cattivo, giovane, grande, piccolo, santo, strano, vecchio.*

Ansonsten gilt: Adjektive **vor** dem Substantiv sind unbetont und haben eine **beschreibende** Funktion:

Ho guardato un breve <u>film</u>. Ich habe einen kurzen Film angeschaut.

Adjektive, die **nach** dem Substantiv stehen, sind betont und haben eine **unterscheidende** Funktion:

Ho guardato un film <u>breve</u>. Ich habe einen kurzen Film ange-
 (non lungo come quelli che schaut.
 guardo di solito). (nicht so lang, wie die, die ich
   normalerweise anschaue)

Anders als im Deutschen steht die Mehrzahl der Adjektive im Italienischen **nach** dem Substantiv.

Immer nachgestellt werden:

1. Adjektive, die ein markantes **Unterscheidungsmerkmal** bezeichnen, wie z. B. Nationalität, Farbe, Form, politische und religiöse Zugehörigkeit usw.:

un disco italiano (eine italienische Platte); *una borsa blu* (eine blaue Tasche); *una scatola quadrata* (eine viereckige Schachtel); *il partito socialista* (die sozialistische Partei); *la chiesa cattolica* (die katholische Kirche)

2. **Relationsadjektive**, die oft einem deutschen zusammengesetzten Substantiv entsprechen:

   il traffico stradale (der Straßenverkehr); *la tassa comunale* (die Gemeindesteuer)

3. **Partizipien**, die als Adjektive dienen:

   carne macinata (Hackfleisch); *una motivazione convincente* (eine überzeugende Begründung)

4. „**schwere**" **Adjektive**, d. h. in der Regel mehrsilbige Adjektive, näher bestimmte Adjektive sowie mehrere Adjektive hintereinander:

   in tono supplichevole (mit flehendem Ton); *una bevanda veramente dissetante* (ein wirklich erfrischendes Getränk); *una casa piccola e buia* (eine kleine, dunkle Wohnung)

Einige Adjektive haben eine unterschiedliche Bedeutung, je nachdem, ob sie vor oder nach dem Substantiv vorkommen:

buono	a. un buon cuoco	ein guter (= fähiger) Koch
	b. un cuoco buono	ein guter (herzensguter)Koch
caro	a. un caro ragazzo	ein liebenswerter Junge
	b. un locale caro	ein teures Lokal
certo	a. una certa somiglianza	eine gewisse Ähnlichkeit
	b. una prova certa	ein sicherer Beweis
diverso	a. diverse persone	mehrere Leute
	b. persone diverse	unterschiedliche Personen
grande	a. un grand'uomo	ein vortrefflicher Mann
	b. un uomo grande	ein großer Mann
povero	a. un pover'uomo	ein armer (= bedauernswerter) Mann
	b. un uomo povero	ein armer (= mittelloser) Mann
semplice	a. una semplice proposta	nur ein Vorschlag
	b. una proposta semplice	ein einfacher Vorschlag
solo	a. una sola donna	eine einzige Frau
	b. una donna sola	eine allein stehende Frau

4.4 Adjektive als Adverbien

Achtung: Anders als im Deutschen haben Adjektive und Adverbien im Italienischen verschiedene Formen.

Adjektiv: Die Nudeln sind **gut**!   La pasta è **buona**!
Adverb: Hier isst man **gut**!   Qui si mangia **bene**!

Allerdings können auch Adjektive manchmal wie Adverbien benutzt werden:

Si mosse lento.   Er bewegte sich langsam.
(= Si mosse lentamente)

Das gehört vor allem zum Stil der Erzählprosa, gehen Sie also sehr sparsam damit um!

4.5 Adjektive als Substantive

Fast alle Adjektive können im Italienischen als Substantive gebraucht werden, in der männlichen Form und mit dem bestimmten Artikel (im Deutschen: Neutrum): *il vero* (das Wahre), *il bello* (das Schöne).

Beachten Sie:
- etwas/nichts Schönes, Interessantes...   qualcosa/niente **di** bello, **di** interessante...
- Das Wichtigste ist, die Regeln zu lernen.   **La cosa più importante** è imparare le regole.

4.6 Die Steigerung des Adjektivs

1. Der **Komparativ** wird gebildet durch Voranstellen von *più* oder *meno*:

   Roma è **più** rumorosa (di Stoccarda).   Rom ist lauter (als Stuttgart).

2. Der **relative Superlativ** wird mit dem Komparativ und dem bestimmten Artikel gebildet. Beachten Sie die zwei möglichen Wortstellungen.

   Ma resta **la** città **più** *bella* del mondo.   Aber es bleibt die schönste
        la più *bella* città del mondo.   Stadt der Welt.

3. Der **absolute Superlativ**, der den sehr hohen Grad einer Eigenschaft ausdrückt, wird durch die Endung *-issimo* gebildet:

   Roma è bellissima!   Rom ist wunderschön!

Aufgepasst: Wenn der Stamm des Adjektivs auf *-co* oder *-go* endet, wird beim absoluten Superlativ meist ein *-h-* eingeschoben (*antico – antichissimo, lungo – lunghissimo*). Aber Vorsicht: *pratico – praticissimo*!

Der sehr hohe Grad eine Eigenschaft kann im Italienischen natürlich auch durch andere Mittel wiedergegeben werden, wie:
- *molto* + Adjektiv (z. B. *molto bello*),
- die Wiederholung des gleichen Adjektivs (z. B. *una casa grande grande*)
- Hinzufügen eines anderen Adjektivs (z. B. *stanco morto, innamorato cotto*)

Das deutsche *als* in vergleichenden Sätzen wird durch **di** oder **che** wiedergegeben (➔ Kap. 16).

Unregelmäßige Steigerungsformen des Adjektivs

Buono, cattivo, grande, piccolo, alto und *basso* haben neben den regelmäßigen auch unregelmäßige Steigerungsformen:

	Komparativ	rel. Superlativ	abs. Superlativ
buono	migliore	il migliore	ottimo
cattivo	peggiore	il peggiore	pessimo
grande	maggiore	il maggiore	massimo
piccolo	minore	il minore	minimo
alto	superiore	il superiore	supremo, sommo
basso	inferiore	l'inferiore	infimo

In der Grundbedeutung „gutherzig" bzw. „bösartig", sowie im Zusammenhang mit Speisen und Getränken werden *buono* und *cattivo* meist regelmäßig gesteigert:

San Francesco era più buono di me.
Der Heilige Franziskus war gutherziger als ich.

La birra italiana è più cattiva di quella tedesca.
Italienisches Bier ist schlechter als deutsches.

Die unregelmäßigen Formen haben grundsätzlich eine übertragene Bedeutung:

Questo tipo di legno è migliore di quello.
Diese Art Holz ist besser als jene.

I costi sono stati maggiori del previsto.
Die Ausgaben waren höher als vorgesehen.

Vorsicht: *maggiore, minore, superiore* und *inferiore* sind keine echten Komparativformen, da sie in vergleichenden Strukturen nicht vorkommen können.
Also: *mio fratello è **più piccolo** di me, è il mio fratello minore.*

Eine Reihe von Adjektiven hat für den absoluten Superlativ eine andere Endung als -*issimo*, und zwar -*errimo;* dazu zählen *acre – acerrimo* (*un acerrimo nemico* = ein Erzfeind, aber *un sapore molto acre* = ein ganz saurer Geschmack), *celebre – celeberrimo, misero – miserrimo, integro – integerrimo*.

5   *Il cuoco, il ladro...* – Der Artikel
5.1 Der bestimmte Artikel

männlich	Singular	Plural
vor **Konsonant**	**il** ragazzo	**i** ragazzi
vor **Vokal**	**l'** amico	**gli** amici
vor: **s + Konsonant, z, ps, pn, gn, x, i + Vokal**	**lo** studente zaino psicologo gnomo	**gli** studenti zaini psicologi gnomi
weiblich	Singular	Plural
vor **Konsonant**	**la** donna	**le** donne
vor **Vokal**	**l'** amica	**le** amiche

Maßgebend für die Form des Artikels ist der Anlaut des **unmittelbar folgenden** Wortes; manchmal richtet er sich also – wie in den folgenden Beispielen – nach dem Adjektiv:

il romanzo/**l'**ottimo romanzo/**lo** stesso romanzo
un abito/**uno** splendido abito
un'amica/**una** vera amica

Die Artikelformen schwanken bei Wörtern, die mit **pn, gn, x und i + Vokal** beginnen; wir haben also *lo pneumatico*, aber auch (häufiger in der gesprochenen Sprache) *il pneumatico, lo gnocco*, aber auch *il gnocco*. Der Artikel schwankt auch bei Fremdwörtern, die mit **w, y** oder **h** beginnen;

Ti piace l'whisky
aber auch   } Magst du Whisky?
Ti piace il whisky?

Der Gebrauch

Der bestimmte Artikel wird gebraucht:

1. vor Substantiven, die eine **Gattung** bezeichnen:

   Ti piacciono **le** carote?   Magst du Karotten?

2. vor **Possessivpronomen** (➔ Kap. 8):

   Adoro **il** mio insegnante.   Ich verehre meinen Lehrer.

3. vor den Namen der **Tageszeiten** und vor **Wochentagen**, wenn die regelmäßige Wiederkehr gemeint ist:

   Il sabato vado al mercato.   Samstags gehe ich auf den Markt.
   La sera sono distrutta.   Abends bin ich fix und fertig.

4. vor **Titel + Name** (außer in der Anrede: Buongiorno, signora Rossi!):

   La signora Rossi è arrivata.   Frau Rossi ist angekommen.
   Ecco **il** professor Angelini!   Da ist Professor Angelini!

5. vor **weiblichen Familiennamen**, selten vor männlichen Familiennamen, außer bei berühmten italienischen **männlichen Persönlichkeiten der Vergangenheit** (außer Komponisten):

   la Loren, **(il)** Manzoni, aber: Fellini, Verdi

6. vor Namen von **Kontinenten, Ländern, Regionen und großen Inseln** (außer nach *in*):

   Mi affascina l'Africa.   Afrika fasziniert mich.
   Sono tornata ieri dal**la** Sicilia. Ich bin gestern aus Sizilien zurückgekehrt.

7. vor verallgemeinernd gebrauchten **Stoffnamen** und **abstrakten** Begriffen, außer nach *in* und *di*:

   L'argento è meno caro dell'oro. Silber ist weniger teuer als Gold.
   L'ozio è il padre dei vizi.   Müßiggang ist aller Laster Anfang.

8. vor Gegenständen, die gewöhnlich <u>einmal</u> vorkommen:

   Hai **la** macchina?   Hast du ein Auto?
   Porti sempre l'orologio?   Trägst du immer eine Uhr?

9. bei der Angabe der **Uhrzeit** (➔ Kap. 2):

   Sono **le** nove.   Es ist neun Uhr.

10. vor den Namen von **Körperteilen und sonstigen äußeren Merkmalen**:

    Mia madre ha **il** naso piccolo. Meine Mutter hat eine kleine Nase.
    Porti **gli** occhiali?   Trägst du eine Brille?

11. vor den Namen von **Krankheiten**:

    L'AIDS mi fa paura.   Ich habe Angst vor AIDS.

12. vor den Namen von **Musikinstrumenten**:

    Lucio Dalla suona l'armonica a bocca. Lucio Dalla spielt Mundharmonika.

13. bei **Farbbezeichnungen:**

Il rosso è il simbolo della passione. — Rot ist das Symbol der Leidenschaft.

Im Gegensatz zum Deutschen wird der bestimmte Artikel **nicht** gebraucht:

1. bei Ortsangaben nach *in:*

Vado in bagno. — Ich gehe ins Bad.
Ha messo suo figlio in collegio. — Er hat seinen Sohn ins Internat gesteckt.

2. bei einigen Orts- und Richtungsangaben mit der Präposition *a*, und zwar: *caccia/casa/letto/lezione/messa/scuola/teatro:*

Oggi resto a letto. — Heute bleibe ich im Bett.

3. vor Jahreszeiten und Monatsnamen:

In autunno/ottobre si fa la vendemmia. — Im Herbst/Oktober findet die Weinlese statt.

4. vor Transportmitteln, mit *in:*

A Roma ci vado in treno. — Nach Rom fahre ich mit dem Zug.

5.2 Verschmelzung von Präpositionen mit dem bestimmten Artikel

Zu den Präpositionen → Kap. 18.

	il	lo	l'	la	i	gli	le
a	al	allo	all'	alla	ai	agli	alle
da	dal	dallo	dall'	dalla	dai	dagli	dalle
di	del	dello	dell'	della	dei	degli	delle
in	nel	nello	nell'	nella	nei	negli	nelle
su	sul	sullo	sull'	sulla	sui	sugli	sulle
con	col	collo	coll'	colla	coi	cogli	colle

Bei der Präposition *con* ist die Verschmelzung in der gesprochenen Sprache fakultativ; in der Schriftsprache lässt man aber in diesem Fall Präposition und Artikel lieber getrennt!

Aufgepasst: Der Gebrauch der Verschmelzungsformen Präposition + Artikel ist ansonsten (anders als im Deutschen) **obligatorisch.**

Das Hemd hängt in dem/im Schrank. — La camicia è **nell'**armadio.

5.3 Der unbestimmte Artikel und der Teilungsartikel

	Singular	Plural
	männlich	
vor **Konsonant** vor **Vokal** vor: **s + Konsonant, z, ps, pn, gn, x, i + Vokal**	**un** ragazzo **un** amico **uno** studente zaino psicologo gnomo	(**dei**) ragazzi (**degli**) amici (**degli**) studenti zaini psicologi gnomi
	weiblich	
vor **Konsonant** vor **Vokal**	**una** donna **un'** amica	(**delle**) donne (**delle**) amiche

Der Gebrauch des Teilungsartikels

Die Formen *un, uno, un'* sind mit den deutschen *ein, eine* vergleichbar. Im Deutschen besitzen diese unbestimmten Artikel keine Pluralform: Singular: ein Student – Plural: Studenten.
Als Pluralform der unbestimmten Artikel kann dagegen im Italienischen der Teilungsartikel stehen – die Verschmelzungsform der Präposition *di* mit dem bestimmten Artikel.

Der Teilungsartikel kann auch im Singular bei nicht zählbaren Substantiven stehen (dazu zählen auch abstrakte Begriffe, z. B.: *del coraggio*):

	männlich	
vor **Konsonant** vor **Vokal** vor: **s + Konsonant, z, ps, pn, gn, x, i + Vokal**	**del** pane **dell'** olio **dello** zucchero	etwas Brot etwas Öl etwas Zucker
	weiblich	
vor **Konsonant** vor **Vokal**	**della** birra **dell'** acqua	etwas Bier etwas Wasser

Der Teilungsartikel bezeichnet hier eine nicht näher bestimmte Menge.

Der Gebrauch des Teilungsartikels ist meist fakultativ:

Preferisco (della) birra.   Ich trinke lieber Bier.

Der Teilungsartikel bedeutet also nicht nur „etwas" sondern auch „eine Art/Sorte ...".

Der Teilungsartikel sollte vermieden werden:
- in verneinten Sätzen:
  Non abbiamo tempo.   Wir haben keine Zeit.
- nach Mengenangaben:
  Hai troppe preoccupazioni.   Du hast zu viele Sorgen.
- nach Wendungen mit *di* oder *in*:
  Ha bisogno di aiuto.   Du brauchst Hilfe.

Übrigens: Der Teilungsartikel wird im gesprochenen Italienisch sehr häufig verwendet – obwohl Grammatiker davon abraten.

6 *Io, la luna e tu* – Das Pronomen

Das Italienische kennt betonte und unbetonte Pronomen, eine Unterscheidung, die es im Deutschen nicht gibt.

Gli do ragione.   Ich gebe ihm Recht.   (ihm ist unbetont)
Do ragione **a lui**.   Ich gebe <u>ihm</u> Recht.   (ihm ist betont)

6.1 Betonte Personalpronomen

Subjekt		direktes Objekt		nach Präpositionen
io	ich	me	mich	me
tu	du	te	dich	te
lui, egli, esso	er	lui	ihn	lui, esso
lei, ella, essa	sie	lei	sie	lei, essa
Lei	Sie	Lei	Sie	Lei
noi	wir	noi	uns	noi
voi	ihr/Sie	voi	euch/Sie	voi
loro, essi, esse	sie	loro	sie	loro, essi, esse
		sé		sé

Anders als im Deutschen, sind Pronomen, die als Subjekt dienen, im Italienischen nicht immer obligatorisch. Sie werden nur ausgesprochen, wenn man sie besonders betonen will:

Amo la musica. Ich liebe Musik.
Io amo la musica, e lui il teatro. Ich liebe Musik und er das Theater.

Sie haben sicherlich gemerkt, dass für die 3. Person Singular und Plural mehrere Pronomen zur Verfügung stehen. Worin unterscheiden sie sich?

	Personen		Tiere/Sachen/Abstrakta	
männlich	**lui**, egli	er	esso	es
weiblich	**lei**, ella, essa	sie	essa	sie
Plural	**loro**, essi	sie	essi	sie
Plural weiblich	esse	sie	esse	sie

– Für Personen sind **lui, lei, loro** am gebräuchlichsten – selbst in der Schriftsprache verdrängen sie immer mehr die anderen Subjektpronomen (*egli, essa, essi, esse* sind aber stilistisch gehobener). Auch für Tiere werden in der Umgangssprache **lui/lei/loro** benutzt oder meist Demonstrativa (➔ Kap. 7).
– **Ella** wird als veraltet und literarisch empfunden.
– **egli/ella** und **esso/essa** können nur mit einem Verb gebraucht werden; **lui** und **lei** können auch ohne Verb stehen:

Chi risponde? Lui. Wer antwortet? Er.

– nach Präpositionen werden für Personen nur **lei, lui, loro** benutzt, für Sachen (auch Abstrakta) auch **esso, essa, essi, esse**:

E' una storia interessante, su Es ist eine interessante Geschichte,
di essa si può fare un film. man kann darüber einen Film drehen.

Die **Höflichkeitsform** im Singular wird im Italienischen durch **Lei** + 3. Person Singular ausgedrückt. Wenn man mehrere Personen anspricht, wird meist **Voi** + 2. Person Plural gebraucht; **Loro** ist sehr formell, daher seltener. In diesem Fall können **Lei**, **Voi** und **Loro** groß oder klein geschrieben werden.
In der Handelskorrespondenz wird meist die 2. Person Plural (*Voi*) als Anredeform verwendet:

Vi inviamo le informazioni Wir schicken Ihnen die erbetenen
richiesteci. Informationen zu.

Betonte Pronomen werden gebraucht:

1. bei **Gegenüberstellungen** und **Hervorhebung** der Personen:

Ti sono simpatici i Rossi? Findest du die Rossis sympathisch?

Lui sì, **lei** no.	<u>Ihn</u> schon, <u>sie</u> nicht.
Al conto ci penso **io**.	Um die Rechnung kümmere <u>ich</u> mich.

In diesem Fall können in der 3. Person nur **lui**, **lei** und **loro** gebraucht werden.

2. vor **Präpositionen** (Objektpronomen):

   Vengo al cinema con **te**.   Ich komme mit dir ins Kino.

3. **ohne Verb**:

   Chi è stato? **Lui**!   Wer war's? Er!

6.2 Unbetonte Personalpronomen

direktes Objekt		indirektes Objekt	
mi	mich	mi	mir
ti	dich	ti	dir
lo	ihn	gli	ihm
la	sie	le	ihr
La	Sie	Le	Ihnen
ci	uns	ci	uns
vi	euch/Sie	vi	euch/Ihnen
li, le	sie (m/f)	gli, loro	ihnen
si	sich	si	sich

Anders als im Deutschen sind Subjektpronomen im Italienischen nicht obligatorisch. Sie treten nur in der betonten Form auf. Wenn man nicht betonen möchte, wer etwas macht, sind Person und Zahl <u>an der Verbendung</u> ablesbar. Schauen Sie sich dazu dieses Beispiel an:

Marco legge molto. Ama i libri gialli; spesso però legge anche romanzi.	Marco liest viel. **Er** liebt Krimis, oft aber liest **er** auch Romane.

- **Lo** heißt nicht nur *ihn*, sondern kann sich auch auf einen Sachverhalt beziehen, in vielen Fällen also für *es* stehen:

  Non lo sa.   Sie/Er weiß es nicht.

- **Lo** und **la** werden vor den Formen von *avere* zu **l'**:

  L'hai sentito?   Hast du ihn gehört?

- **Gli** ersetzt in der Umgangssprache häufig die weibliche Form **le** (in der Schriftsprache nicht möglich!).

- Die Reflexivpronomen sind mit den unbetonten Objektpronomen identisch, außer in der 3. Person: **si** ist das Reflexivpronomen in der 3. Person Singular und Plural:

  Ti sei vestito bene?   Hast du dich gut angezogen?

6.3 Das Pronominaladverb *ci*

Das Pronominaladverb **ci** erfüllt zwei Funktionen:

1. Als **Ortsadverb** ersetzt *ci* Ortsangaben mit **a**, **da** (zu), **in**, **per** und **su**:

Andate a Roma/da Luigi?	Fahrt ihr nach Rom/zu Luigi?
Sì, **ci** andiamo.	Ja, wir fahren **hin/dorthin**.
Quanto starete in Italia/sulla nave?	Wie lange werdet ihr in Italien/ auf dem Schiff bleiben?
Ci staremo due giorni.	Wir werden zwei Tage **da/dort** bleiben.
Passiamo per Parigi?	Fahren wir über Paris?
No, non **ci** passiamo.	Nein, wir fahren **da** nicht vorbei.

2. Als **unbetontes Pronomen** ersetzt *ci* Ausdrücke mit **a**, (seltener mit **con** oder **su**):

   Pensi **al** tuo futuro?   Denkst du an deine Zukunft? Ja,
   Sì, **ci** penso.   ich denke daran.

Zur Stellung von **ci** → Kap. 6.7.

Das Pronomen **vi** ist eine Variante von **ci** in der Schriftsprache, die allerdings eher literarisch wirkt:

Vi sono molti misteri.   Es gibt viele Geheimnisse.

Merken Sie sich bitte:

entrarci (damit zu tun haben)	Lui non c'entra.	Er hat nichts damit zu tun.
esserci (da sein)	C'è del pane?	Ist Brot da?
starci (dabei sein/ mitmachen)	Non **ci** sto.	Ich mache nicht mit.
metterci (brauchen, *von* Zeit)	**Ci** abbiamo messo due ore.	Wir haben zwei Stunden gebraucht.
volerci (nötig sein/ brauchen)	**Ci** vuole dell'olio.	Man braucht Öl dazu.
vederci/sentirci (sehen/hören können)	**Ci** vedi con questi occhiali?	Kannst du mit dieser Brille etwas sehen?

6.4 Das Pronominaladverb *ne*

Das Pronominaladverb **ne** hat mehrere Bedeutungen:

1. **Unbetontes Pronomen**, ersetzt Ergänzungen mit **di** und **da**:

Hai bisogno <u>di soldi</u>? Sì, **ne** ho bisogno.	Brauchst du Geld? Ja, ich brauche es.
Ho letto il tuo libro e **ne** sono rimasto impressionato. (= <u>dal libro</u>).	Ich habe dein Buch gelesen und es hat mich beeindruckt.

Als Ersatz für Ausdrücke mit **di** hat **ne** auch eine partitive Bedeutung (= davon):

Vuole patate? Sì, **ne** prendo un chilo (di patate).	Möchten Sie Kartoffeln? Ja, ich nehme ein Kilo (davon).

2. **Ortsadverb**, ersetzt Ortsangaben mit **da** (*di lì, di là*):

La nave si allontana <u>dalla costa</u>.	Das Schiff entfernt sich von der Küste.
→ La nave se **ne** allontana.	→ Es entfernt sich davon.

6.5 Kombinationsformen des unbetonten Pronomens

Wenn zwei unbetonte Pronomen aufeinander treffen, passieren zwei Dinge, die Sie sich merken sollten:

1. das indirekte Objekt steht – anders als im Deutschen! – **vor** dem direkten:

Te lo presto volentieri.	Ich leihe *es dir* gerne aus.

2. Das Pronomen an erster Stelle verändert außerdem noch seine Form, meist, indem das *i* zum *e* wird. In der folgenden Tabelle finden Sie alle möglichen Kombinationsformen:

		lo	la	li	le	ne
mi	mir	me lo	me la	me li	me le	me ne
ti	dir	te lo	te la	te li	te le	te ne
gli	ihm					
le	ihr	glielo	gliela	glieli	gliele	gliene
Le	Ihnen					
ci	uns	ce lo	ce la	ce li	ce le	ce ne
vi	euch	ve lo	ve la	ve li	ve le	ve ne

	lo	la	li	le	ne
gli ihnen	glielo	gliela	glieli	gliele	gliene
si sich	se lo	se la	se li	se le	se ne
ci da/dort	ce lo	ce la	ce li	ce le	ce ne

Bis auf *glielo, gliela* (die für die 3. Person Singular und Plural allgemein gelten) werden die Kombinationen getrennt geschrieben. Wenn sie angehängt werden, werden sie allerdings zusammengeschrieben:

Me lo hai promesso! Du hast es mir versprochen!
Prometti**melo**! Versprich's mir!

 Es gibt auch einige Verbalkonstruktionen, bei denen Pronomen vorkommen:

avercela con qc. Ce l'ho con te. Ich bin auf dich
(auf jdn. sauer sein) sauer.

andarsene Te ne vai? Gehst du weg?
(weggehen)

cavarsela In inglese me la cavo. Ich komme mit meinem
(zurechtkommen) Englisch zurecht.

farcela Ce l'abbiamo fatta! Wir haben's geschafft!
(es schaffen)

prendersela Ve la siete presa? Habt ihr euch geärgert?
(sich ärgern/aufregen)

6.6 Stellung der unbetonten Pronomen

Unbetonte Pronomen treten immer in Verbindung mit einem Verb auf.

1. Unbetonte Pronomen stehen **vor** dem konjugierten Verb – bei zusammengesetzten Zeiten stehen sie vor dem Hilfsverb:

   Ti amo. Ich liebe *dich*.
   L'ha detto alla mamma. Sie hat *es* der Mutter gesagt.

   Ausnahme: *loro* (gehoben für *gli*) steht immer **nach** dem Verb:

   Dona loro ciò di cui hanno Gib ihnen das, was sie brauchen.
   bisogno.

2. Unbetonte Pronomen werden **angehängt**:

   a. an den Infinitiv (der dabei seinen Endvokal verliert):

   Bisogna far**lo** subito. Man muss es gleich erledigen.

b. an den Imperativ (außer bei der *Lei*-Form; beachten Sie dabei, dass bei *da', di', fa', sta'* und *va'* eine Konsonantenverdopplung eintritt (außer bei *gli*): *dammi, dillo, fallo, stacci, vacci.*

Da**glielo**! Aber: Glielo dia!	Gib's ihm/ihr! Geben Sie's ihm/ihr!

c. an *ecco*:

Ecco**li**!	Da sind sie!

d. an das Gerundium (→ Kap. 13.9) und an das Partizip:

Hai sbagliato dando**le** ragione.	Es war falsch von dir, ihr Recht zu geben.
Notato**lo**, si nascose.	Als er ihn bemerkte, versteckte er sich.

3. Unbetonte Pronomen werden vor das konjugierte Verb gesetzt oder auch angehängt (beides ist möglich):

   a. bei Konstruktionen mit Modalverben (*dovere, potere, volere, sapere*):

Lo posso fare./ Posso far**lo**.	Ich kann es machen.

   b. bei *andare/venire/tornare* + Infinitiv

Te lo vado a prendere./ Vado a prender**telo**.	Ich hole es dir.

   c. bei Verben wie *cominciare, finire, continuare, stare per* + Infinitiv

Sta per far**lo**./ **Lo** sta per fare.	Er wird es gleich tun.

   d. beim verneinten Imperativ der Du-Form

Non **glielo** dire!/ Non dir**glielo**!	Sag es ihm/ihr nicht!

7 *Questa o quella, per me pari sono...* – Die Demonstrativa

7.1 Die Demonstrativadjektive *questo* und *quello*

Questo entspricht dem deutschen *diese(r)*, und verweist auf Sachen/Personen/Sachverhalte in zeitlicher oder räumlicher **Nähe**:

	männlich		weiblich	
	Singular	Plural	Singular	Plural
vor Konsonant	questo libro	questi libri	questa cena	queste cene
vor Vokal	quest'anno	questi anni	quest'amica	queste amiche

– Bei einigen weiblichen Substantiven wird **questa** oft zu **sta** abgekürzt:

questa sera – stasera, questa notte – stanotte, questa mattina – stamattina

Die abgekürzten Formen *'sto/'sta/'sti/'ste* werden in der gesprochenen Sprache häufig benutzt:

'sta maledetta grammatica!   diese verflixte Grammatik!

Quello entspricht dem deutschen *jene(r)* und verweist auf Sachen/Personen/Sachverhalte in zeitlicher oder räumlicher **Entfernung**:

	männlich		weiblich	
	Singular	Plural	Singular	Plural
vor Konsonant	quel tipo	quei tipi	quella casa iena	quelle case iene
vor s + Konsonant vor: gn, pn, ps, x, z, i + Vokal	quello stupido zio	quegli stupidi zii		
vor Vokal	quell'arabo	quegli arabi	quell'amica	quelle amiche

7.2 Die Demonstrativpronomen *questo* und *quello*

Singular		Sachverhalt	Plural	
männlich	weiblich		männlich	weiblich
questo	questa	questo/ciò	questi	queste
quello	quella	quello/ciò	quelli	quelle

– Bei Gegenüberstellungen wird zuerst **questo**, dann **quello** verwendet:

Questo (film) è divertente,   Dieser Film ist lustig, aber der
 ma **quello** è più impegnato.   andere ist anspruchsvoller.

– **Quello** wird auch verwendet, um ein zuvor genanntes Substantiv zu ersetzen:

I miei amici e **quelli** di mio   Meine Freunde und die meines
 fratello vanno d'accordo.   Bruders verstehen sich gut.

– **Questo** und **quello** werden auch benutzt, um Sachverhalte zu bezeichnen:

Non ho detto **questo**.   Ich habe das nicht gesagt.
Pensi solo a **quello**.   Du denkst nur an das eine.

7.3 *Costui, colui, stesso* – Weitere Demonstrativa

Costui/colui: Sie werden seltener gebraucht als *questo/quello* und bezeichnen nur Personen. Sie werden nur in der Schriftsprache benutzt (im gesprochenen Italienischen ironisch):

	männlich	weiblich	Plural
costui (= questo)	costui	costei	costoro
colui (= quello)	colui	colei	coloro

Beachten Sie: es handelt sich <u>nur um Pronomen</u>, sie können nicht als Adjektive benutzt werden.

Stesso kann als Adjektiv gebraucht werden:

| Stesso **vor** dem Substantiv | = das gleiche, dasselbe |
| Abbiamo le stesse scarpe. | Wir haben die gleichen Schuhe. |

| Stesso **nach** dem Substantiv | = selbst/sogar |
| Il papa stesso lo afferma. | Selbst der Papst behauptet das. |

Stesso kann auch als Pronomen benutzt werden:
Facciamo lo stesso. Machen wir dasselbe.

Aber *lo stesso* kann auch Adverb sein: *trotzdem*:
Facciamolo lo stesso! Machen wir es trotzdem!

8 *A ciascuno il suo* – Die Possessiva
8.1 Die Possessivadjektive

Singular			Plural	
männlich		weiblich	männlich	weiblich
il mio gatto	mein	la mia borsa	i miei gatti	le mie borse
il tuo	dein	la tua	i tuoi	le tue
il suo	sein, ihr/Ihr	la sua	i suoi	le sue
il nostro	unser	la nostra	i nostri	le nostre
il vostro	euer	la vostra	i vostri	le vostre
il loro	ihr	la loro	i loro	le loro

Anders als im Deutschen:
– Achtung: die Possessiva richten sich in Geschlecht und Zahl nach dem Besitz (und nicht nach dem Besitzer!). Der folgende italienische Satz hat somit zwei mögliche Interpretationen:

Giorgio porta Francesca a scuola con **la sua** macchina.   Giorgio bringt Francesca mit <u>seinem/ihrem</u> Auto in die Schule.

In der höflichen Anrede verwendet man die Formen von **Suo** im Singular und meist die von **vostro** im Plural (**loro** ist sehr formell):

Sing.: Mi faccia vedere **il Suo** passaporto!   Zeigen Sie mir Ihren Pass!
Pl.:   Ecco **le vostre/Loro** chiavi!   Hier ist Ihr Schlüssel!

Italienische Possessivadjektive werden generell durch den bestimmten Artikel begleitet.
Der Artikel entfällt allerdings:
1. bei der Anrede, z. B.: **mio** caro! – mein Lieber!
2. bei <u>Verwandtschaftsbezeichnungen</u> im Singular, z. B.: **mia** madre, **mio** padre.

Aber der Artikel steht trotzdem immer:

– bei **loro**: **il loro** figlio
– bei Verwandtschaftsbezeichnungen im Plural: **i miei** figli, **le mie** sorelle
– bei einigen Kosenamen wie: **la mia** mamma, **il mio** zietto
– bei Bezeichnungen mit einer Beifügung: **il mio** fratello minore

Anders als im Deutschen wird das Possessivadjektiv vor Körperteilen und allgemein vor Substantiven weggelassen, wenn deren Zugehörigkeit eindeutig ist:

Ha perso il padre in un incidente.   Sie hat <u>ihren</u> Vater durch einen Unfall verloren.

8.2 Weitere Possessiva

Proprio (eigen) kann:
1. ein Possessivadjektiv in der 3. Person ersetzen, um Missverständnisse aus dem Weg zu räumen:

Carlo accompagnò la sua vicina nella **propria** casa.   Carlo begleitete seine Nachbarin in sein (eigenes) Haus.

2. anstelle von *suo* stehen, wenn das Subjekt eines Satzes unbestimmt ist:

| Ci si lamenta sempre dei **propri** figli. | Man beschwert sich oft über die eigenen Kinder. |

Altrui bedeutet: der/die/das anderen gehört. Es wird im gehobenen Sprachgebrauch benutzt:

| Rispetta le opinioni altrui. | Respektiere die Meinungen anderer. |

8.3 Die Possessivpronomen

In der Form unterscheiden sie sich nicht von den Adjektiven. Aber sie behalten den bestimmten Artikel auch in den Fällen, in denen er bei den Possessivadjektiven verschwindet, wie z. B. bei Verwandtschaftsbezeichnungen:

| Adjektiv: E' questo **tuo** fratello? | Ist das dein Bruder? |
| Pronomen: No, **il mio** è quello là. | Nein, mein Bruder ist der da. |

Wie Sie an diesem Beispiel sehen können, wird das Possessivpronomen hier benutzt, um die Wiederholung des Substantivs zu vermeiden.

Merken Sie sich noch folgende Wendungen:

i miei/i tuoi/i suoi (= genitori, parenti)	die Meinen usw.
Ne ha fatta una delle sue (= marachelle).	Das sieht ihm ähnlich.
Rispondo alla Sua (= lettera) del 4 giugno.	Ich antworte auf Ihr Schreiben vom 4. Juni.
Dice sempre la sua (= opinione).	Er sagt immer, was er denkt.
Alla nostra (= salute)!	Auf unsere Gesundheit!

9 *Chi cerca trova* – Die Relativpronomen

9.1 Die Relativpronomen *che, cui* und *quale*

Das Relativpronomen *che*

Che wird nicht verändert, d. h. es heißt sowohl in der männlichen als auch in der weiblichen Form im Singular wie im Plural immer gleich.

– *Che* kann als Subjekt und direktes Objekt benutzt werden:

Il bambino **che** sorride è mio figlio.	Der Junge, <u>der</u> lächelt, ist mein Sohn.
L'uomo **che** vedi è mio fratello.	Der Mann, <u>den</u> du da siehst, ist mein Bruder.

– *Che* kann auch auf Pronomen folgen, in den Verbindungen **quello che** (derjenige, der; das, was), oder **ciò che** (das, was):

Non capisco **quello/quel che** dici.	Ich verstehe nicht, was du sagst.
Quelli che dicono così sbagliano.	Die, die so sprechen, liegen falsch.
Fa' **ciò che** vuoi.	Mach, was du willst!

– **Ciò che** ist gehobener als **quello che**.

Das Relativpronomen *cui*

– *Cui* wird nach Präpositionen statt **che** verwendet:

La fabbrica **per cui** lavoro chiude in agosto.	Die Fabrik, für die ich arbeite, schließt im August.

– Auch das indirekte Objekt wird mit der Präposition **a + cui** gebildet. A kann vor *cui* entfallen (gehoben!):

L'avvocato (a) cui mi sono rivolto è molto competente.	Der Rechtsanwalt, an den ich mich gewandt habe, ist sehr kompetent.

Cui wird manchmal mit dem Ortsadverb *qui* verwechselt. Achten Sie deshalb auf die Betonung:
c<u>u</u>i = Relativpronomen – qu<u>i</u> = Ortsadverb (hier)

Das Relativpronomen *quale*

Singular		Plural	
männlich	weiblich	männlich	weiblich
il quale	**la quale**	**i quali**	**le quali**

Il quale/la quale/i quali/le quali haben die gleiche Funktion wie *che/cui,* mit einigen Unterschieden:

– 1. Sie kommen vor allem als Subjekt bzw. nach Präpositionen vor, sehr selten als direktes Objekt (literarisch!).
– 2. Sie unterscheiden zwischen männlich/weiblich und Singular/Plural.
– 3. Sie werden nur in formeller/schriftlicher Sprache gebraucht.

E' un ideale **per il quale** darei la vita.	Es ist ein Ideal, für das ich mein Leben geben würde.
Fondamenti **sui quali** costruirsi un'esistenza.	Grundlagen, auf denen man sich eine Existenz aufbauen kann.

9.2 Weitere Relativa

– **il/la cui**, **i/le cui** dienen zur Wiedergabe des deutschen *dessen/deren:*

Ho visto una mostra sui Fenici, <u>le cui</u> navi solcavano il mediterraneo.	Ich habe eine Ausstellung über die Phönizier besucht, deren Schiffe das Mittelmeer befuhren.
Galileo, <u>la cui</u> genialità ammiro molto, ha insegnato a Padova.	Galileo, dessen Genialität ich sehr bewundere, hat in Padua gelehrt.

In der gesprochenen Sprache tendiert man dazu, den Gebrauch dieser Pronomen zu vermeiden; Sie dürfen sie also ohne schlechtes Gewissen weglassen.
Vergessen Sie nicht: der Artikel richtet sich dabei nach dem darauf folgenden Substantiv!

– **Chi** wird ohne Bezugswörter benutzt (als einziges unter den Relativa!), um verallgemeinernd über Personen zu reden (häufig in Sprichwörtern!):

Non uscire con **chi** non conosci.	Gehe nicht mit jemandem aus, den du nicht kennst.
Chi non risica non rosica.	Wer wagt, gewinnt.

– **Il che/la qual cosa** können Sie benutzen, um sich auf einen ganzen Satz zu beziehen:

Alcuni russano dormendo, il che mi dà piuttosto fastidio.	Manche schnarchen im Schlaf, was mich ziemlich stört.

10 *Chi l'ha visto?* – Die Fragewörter

Das Fragewort *che* – welches

Che wird nicht verändert, egal ob es männlich oder weiblich ist und ob es im Singular oder Plural steht. Es kann nur als Adjektiv benutzt werden. Beispiele:

Che libri preferisci?   Welche/was für Bücher bevorzugst du?
Per che squadra tifi?   Für welche Mannschaft bist du?

Das Fragewort *quale* – welcher

	Singular	Plural
	männlich u. weiblich	männlich u. weiblich
welcher?	**quale**	**quali**

Quale kann sowohl als Adjektiv als auch als Pronomen verwendet werden.

– **Quale** als Adjektiv:

Da **quale** città proviene il panettone?   Aus welcher Stadt stammt der Panettone?

Quale als Adjektiv wird in der gesprochenen Sprache meist durch **che** ersetzt.

– **Quale** als Pronomen:

Sono belli tutti e tre; **quale** scegli?   Es sind alle drei schön; welchen nimmst du?

– Beachten Sie bitte auch die folgende Verwendung von **quale** (= in qualità di):

Quale esperto di informatica non apprezzo questo programma.   **Als** Informatikexperte halte ich nichts von diesem Programm.

Das Fragewort *quanto* – wie viel/wie viele?

– **Quanto** ist Adjektiv und Pronomen:

Quanto prosciutto desidera?   Wie viel Schinken möchten Sie?
Quanto ne vuoi?   Wie viel möchtest du?

Singular		Plural	
männlich	weiblich	männlich	weiblich
quanto	quanta	quanti	quante

Das Fragewort *chi* – wer/wen

Chi kann nur als Pronomen benutzt werden. Beispiele:

Chi è stato?	Wer war's?
Con **chi** uscite?	Mit wem geht ihr aus?

Beachten Sie:

Di chi è questa giacca?	<u>Wem gehört</u> diese Jacke?

Das Fragewort *Che cosa/Che/Cosa* – was

Dieses Fragewort wird ebenfalls nur als Pronomen benutzt. **Cosa** ist übrigens umgangssprachlich und wird vor allem in Norditalien benutzt.

Che cosa/Che/Cosa vuoi?	Was willst du?

Die Fragewörter *come, dove, quando* und *perché*

– **come = wie**:

Come stai?	Wie geht es dir?

Das deutsche *wie* + Adjektiv kann nicht durch **come** wiedergegeben werden. Deshalb müssen Sie sich die folgenden Wendungen merken:

Quanti anni hai?	Wie alt bist du?
Quanto (tempo) hai aspettato?	Wie lange hast du gewartet?
Da quanto (tempo) abiti a Milano?	Wie lange wohnst du in Mailand?
Che ore sono/**che ora** è?	Wie spät ist es?
Quanto sei alto?	Wie groß bist du?
Quanto è lungo questo tavolo?	Wie lang ist dieser Tisch?
Ogni quanto (tempo) li vai a trovare?	Wie oft besuchst du sie?

– **dove = wo, wohin**:

Dove andate stasera?	Wo geht ihr heute abend hin?
Da dove viene?	Wo kommen Sie her?

– **quando = wann**:

Da quando abiti a Parigi?	Seit wann wohnst du in Paris?
Quando vai in vacanze?	Wann gehst du in Urlaub?

– **perché = warum**:

Perché non me l'hai detto?	Warum hast du es mir nicht gesagt?

Anstelle von **perché** wird in der gesprochenen Sprache oft **come mai** verwendet:

Come mai ti alzi così presto?	Wieso stehst du so früh auf?

Fragewörter werden auch in **Ausrufen** gebraucht:

Che simpatico!	Wie sympathisch!
Quanti capelli ha!	Wie viele Haare er hat!

11 *Chi troppo vuole nulla stringe* – Die Indefinita

11.1 Die Formen der indefiniten Pronomen

Hier eine Übersicht der Indefinita (unbestimmten Pronomen und Adjektive): die unterstrichenen Ausdrücke können nur als Adjektive dienen, die fett markierten nur als Pronomen, alle anderen als Adjektive **und** Pronomen:

	Singular		Plural	
	männlich	weiblich	männlich	weiblich
jede(r) irgendein(e)/ einige jede(r) beliebige	ogni qualche qualunque/qualsiasi		— — —	
jede(r) jemand/eine(r)	**ognuno** **qualcuno**	**ognuna** **qualcuna**	— —	
jedermann etwas nichts	**chiunque** **qualcosa/qualche cosa** **niente/nulla**		— — —	
jede(r) kein(e, er)/niemand ein(e, er)	ciascuno nessuno uno	ciascuna nessuna una	— — —	
irgendein/einige gewisse(r) wenig(e) ziemlich viel(e) viel(e) (so) viel(e) zu viel/zu viele ebensoviel(e) so viel(e) ... wie ganz(e)/alle andere(r) mehrere verschiedene	alcuno certo poco parecchio molto tanto troppo altrettanto quanto tutto altro diverso vario	alcuna certa poca parecchia molta tanta troppa altrettanta quanta tutta altra diversa varia	alcuni certi pochi parecchi molti tanti troppi altrettanti quanti tutti altri diversi vari	alcune certe poche parecchie molte tante troppe altrettante quante tutte altre diverse varie
solche(r)	tale		tali	

11.2 Der Gebrauch der indefiniten Pronomen

Hier einige Beispiele der italienischen Indefinitpronomen:

ogni	ogni giorno	jeden Tag
	ogni due ore	alle zwei Stunden
	ogni tanto	ab und zu
qualche	qualche amico	einige Freunde

Achtung: **Qualche** wird immer im Singular verwendet, hat aber meist eine plurale Bedeutung (ähnlich wie **alcuni**). Darüber hinaus kann *qualche* auch „irgendein" bedeuten: *da qualche parte* – irgendwo

qualunque/qualsiasi

| Accetto qualunque proposta. | Ich akzeptiere jeglichen Vorschlag. |
| Qualsiasi cosa dica, rivela la sua stupidità. | Seine Dummheit kommt zum Vorschein, was auch immer er sagt. |

ognuno

| Ognuno la pensa come vuole. | Jeder denkt, was er will. |

qualcuno

| Qualcuno di voi parla inglese? | Spricht jemand von euch Englisch? |

chiunque

| Chiunque al posto tuo avrebbe agito così. | Jeder hätte an deiner Stelle so gehandelt. |

qualcosa/qualche cosa

| Preferisco fare qualcosa che starmene in panciolle. | Ich ziehe es vor, etwas zu tun statt auf der faulen Haut zu liegen. |

etwas Schönes, Interessantes = qualcosa **di** bello, **di** interessante!
etwas zu trinken/zu essen = qualcosa **da** mangiare, **da** bere

niente/nulla

Zur Verneinung ➔ Kap. 17.

| Non prendo niente, grazie. | Danke, ich nehme nichts. |

Beachten Sie:
nichts Wichtiges = niente **di** importante
nichts zu tun = niente **da** fare

Hai sentito <u>niente</u>? Hast du **etwas** gehört? aber:
<u>Non</u> hai sentito <u>niente</u>? Hast du **nichts** gehört?

ciascuno ist bedeutungsgleich mit ognuno.

nessuno als Adjektiv verhält sich wie **uno**:

| Adjektiv: | nessun dolore | kein Schmerz |
| Pronomen: | Nessuno è perfetto. | Niemand ist perfekt. |

Zur Verneinung ➔ Kap. 17.2.

uno als Adjektiv verhält sich wie der unbestimmte Artikel **un** (➔ Kap. 5.3):

Adjektiv:	un (bel) giorno	eines (schönen) Tages
Pronomen:	C'è uno che ti vuole.	Da ist einer, der dich sprechen will.

alcuno als Adjektiv verhält sich wie **uno**.
Im Singular wird alcuno meist mit **non** oder **senza** verwendet:

Adjektiv:	alcuni quadri	einige Bilder
	senza alcuna difficoltà	ohne jegliche Schwierigkeit
Pronomen:	alcuni di noi	einige von uns

certo

Adjektiv:	Certe idee non le sopporto.	Gewisse Meinungen kann ich nicht ausstehen.
Pronomen:	Certi credono di essere irresistibili.	Manche meinen, unwiderstehlich zu sein.

Certo ist auch ein Adverb (= certamente):

Hai intenzione di studiare italiano? – Certo!   Hast du vor, Italienisch zu lernen? – Sicher!

poco

Adjektiv:	Ha poche amiche.	Sie hat wenige Freundinnen.
Pronomen:	Pochi sanno la verità.	Wenige wissen die Wahrheit.

Poco wird oft zu **un po'** verkürzt:

Sono un po' triste.   Ich bin ein wenig traurig.

Poco ist auch ein Adverb:
una commessa poco gentile   eine ziemlich unfreundliche Verkäuferin

parecchio ist bedeutungsgleich mit **molto**.

molto

Adjektiv:	con molta pazienza	mit viel Geduld
Pronomen:	E' amata da molti.	Sie wird von vielen geliebt.

Merke: so viel = così tanto
Hai guadagnato così tanto?   Hast du so viel verdient?

tanto ist bedeutungsgleich mit **molto**.

troppo

Adjektiv:	Ha mangiato troppi dolci.	Er hat zu viele Süßigkeiten gegessen.
Pronomen:	Troppi lo fanno.	Zu viele tun das.

Troppo ist auch ein Adverb:
Siamo troppo vecchi.   Wir sind zu alt.

altrettanto

Adjektiv:	due amiche e altrettanti amici	zwei Freundinnen und eben so viele Freunde

Pronomen: Ho scritto tre pagine e devo redigerne altrettante.
Ich habe drei Seiten geschrieben und muss noch einmal so viele abfassen.

Grazie, altrettanto!
Danke gleichfalls!

quanto

Adjektiv: Puoi leggere quanti libri vuoi.
Du kannst so viele Bücher lesen, wie du möchtest.

Pronomen: Ho tanti problemi quanti ne hai tu.
Ich habe so viele Probleme wie du.

tutto

Als Adjektiv:
1. *tutto* + bestimmter Artikel/Demonstrativadjektiv/Possessivadjektiv + Substantiv im **Singular** = **ganz**: tutta la sera (den ganzen Abend)
2. *tutto* + bestimmter Artikel/Demonstrativadjektiv/Possessivadjektiv + Substantiv im **Plural** = **alle**: tutti gli abitanti (alle Einwohner)

Als Pronomen:
Ho capito tutto.
Ich habe alles verstanden.

Als Adverb:
Tutto richtet sich in Geschlecht und Zahl nach dem Beziehungswort:
Lucia è tutta contenta.
Lucia ist ganz glücklich.

Wiedergabe von „alle beide/alle drei" usw.:
tutti e due oder **tutte e due**; dasselbe gilt für drei, vier und so weiter.
Achtung: Vergessen Sie das **e** nicht!

altro

Adjektiv: le altre ragazze
die anderen Mädchen

Pronomen: Ne vuoi un altro?
Willst du noch einen?

diverso

Adjektiv: Al mio compleanno c'erano diverse persone.
An meinem Geburtstag waren verschiedene Leute da.

Pronomen: Eravamo in diversi.
Wir waren mehrere.

vario

Adjektiv: Frequento vari corsi.
Ich besuche mehrere Kurse.

Pronomen: Ne frequento vari.
Ich besuche mehrere.

tale

Adjektiv: Tale comportamento è inaccettabile.
Ein solches Verhalten ist inakzeptabel.

Pronomen: C'è un tale di là.
Da drüben sitzt ein Herr Soundso.

12 *Prendere o lasciare!* – Die Formen der regelmäßigen Verben

Im Italienischen unterscheidet man drei Konjugationen:
– die Verben auf *-are (am*are*)*
– die Verben auf *-ere (vend*ere*)*
– die Verben auf *-ire (sent*ire*)*

Vergessen Sie bitte nicht: Im Italienischen sind Subjektpronomen nicht obligatorisch (➔ Kap. 4.1), außer wenn sie betont sind! Aus der Endung des Verbs ist die Person ersichtlich. Das bedeutet jedoch, dass Sie die Endungen besonders aufmerksam lernen müssen. Zwei Beispiele:

Abito a Roma. **Ich** wohne in Rom.
Studia greco. **Er/sie** studiert Griechisch.

Die **Höflichkeitsform** ist die 3. Person Singular in der Einzahl (*Lei*) und meist die 2. Person Plural in der Mehrzahl (*voi*). Bei formeller Ausdrucksweise wird auch die 3. Person Plural (*loro*) benutzt (➔ Kap. 4.1).

Fett gedruckt sind in den folgenden Tabellen die Endungen, die für alle Konjugationen gleich sind; die für jede Konjugation typischen Endungen sind grün.

Noch eine kleine Eselsbrücke, um sich die Endungen der ersten drei Personen des Präsens Singular zu merken (die häufig verwechselt werden!):

amare: am**o**, am**i**, am**a** → Verben auf *-are* sind „**o ja!**"-Verben (die meisten davon sind regelmäßig)!

vedere: ved**o**, ved**i**, ved**e** → Verben auf *-ere* und auf *-ire* sind
sentire: sent**o**, sent**i**, „**o je!**"-Verben (sehr viele davon,
sent**e** vor allem unter den Verben auf *-ere*, sind unregelmäßig!)

12.1 Die Verben auf *-are*

Indicativo		Congiuntivo	
Presente	*Passato prossimo*	*Presente*	*Passato*
io am**o**	ho amato	am**i**	abbia amato
tu am**i**	hai amato	am**i**	abbia amato
lui am**a**	ha amato	am**i**	abbia amato
noi am**iamo**	abbiamo amato	am**iamo**	abbiamo amato
voi am**ate**	avete amato	am**iate**	abbiate amato
loro am**ano**	hanno amato	am**ino**	abbiano amato

	Imperfetto	*Trapassato prossimo*
io	am**avo**	avevo amato
tu	am**avi**	avevi amato
lui	am**ava**	aveva amato
noi	am**avamo**	avevamo amato
voi	am**avate**	avevate amato
loro	am**avano**	avevano amato

	Imperfetto	*Trapassato*
	ama**ssi**	avessi amato
	ama**ssi**	avessi amato
	ama**sse**	avesse amato
	ama**ssimo**	avessimo amato
	ama**ste**	aveste amato
	ama**ssero**	avessero amato

	Passato remoto	*Trapassato remoto*
io	am**ai**	ebbi amato
tu	ama**sti**	avesti amato
lui	am**ò**	ebbe amato
noi	ama**mmo**	avemmo amato
voi	ama**ste**	aveste amato
loro	ama**rono**	ebbero amato

Infinito: amare; aver amato
Gerundio: amando; avendo amato
Participio passato: amato

	Futuro semplice	*Futuro anteriore*
io	am**erò**	avrò amato
tu	am**erai**	avrai amato
lui	am**erà**	avrà amato
noi	am**eremo**	avremo amato
voi	am**erete**	avrete amato
loro	am**eranno**	avranno amato

	Condizionale	*Condizionale passato*
io	am**erei**	avrei amato
tu	am**eresti**	avresti amato
lui	am**erebbe**	avrebbe amato
noi	am**eremmo**	avremmo amato
voi	am**ereste**	avreste amato
loro	am**erebbero**	avrebbero amato

Imperativo	
ama!	liebe!
ami!	lieben Sie!
am**iamo**!	lieben wir!
amate!	liebt!/lieben Sie!

Besonderheiten bei den Verben auf *-are*

1. Verben auf -*care* und -*gare*		2. Verben auf -*iare*		3. Verben auf -*ciare*, -*giare*	
cercare	pagare	studiare	inviare	cominciare	mangiare
cerco	pago	studio	invi**o**	comincio	mangio
cer**chi**	pa**ghi**	stud**i**	invi**i**	cominc**i**	mang**i**
cerca	paga	studia	invi**a**	comincia	mangia
cer**chiamo**	pa**ghiamo**	stud**iamo**	inviamo	cominc**iamo**	mang**iamo**
cercate	pagate	studiate	inviate	cominciate	mangiate
cercano	pagano	studiano	inviano	cominciano	mangiano

Zu 1. Bei Verben auf *-care* und *-gare* wird vor die Endung *-e* und *-i* ein *-h-* geschoben, damit die Aussprache erhalten bleibt.

Zu 2. Bei Verben auf *-iare* entfällt das *-i-* vor einer Endung mit *-i*. Wenn das *-i-* des Stammes betont ist (wie bei *inviare*), bleibt es jedoch erhalten.

Zu 3. Bei Verben auf *-ciare* und *-giare* entfällt das *-i-* auch vor einer Endung mit *-e* (also im *Futuro semplice*!)

Nur vier Verben auf *-are* sind unregelmäßig: *andare, dare, stare, fare* (➔ Kap. 14).

12.2 Die Verben auf *-ere*

Indicativo				Congiuntivo		
	Presente	*Passato prossimo*		*Presente*	*Passato*	
io	vendo	ho	venduto	venda	abbia	venduto
tu	vendi	hai	venduto	venda	abbia	venduto
lui	vende	ha	venduto	venda	abbia	venduto
noi	vendiamo	abbiamo	venduto	vendiamo	abbiamo	venduto
voi	vendete	avete	venduto	vendiate	abbiate	venduto
loro	vendono	hanno	venduto	vendano	abbiano	venduto
	Imperfetto	*Trapassato prossimo*		*Imperfetto*	*Trapassato*	
io	vendevo	avevo	venduto	vendessi	avessi	venduto
tu	vendevi	avevi	venduto	vendessi	avessi	venduto
lui	vendeva	aveva	venduto	vendesse	avesse	venduto
noi	vendevamo	avevamo	venduto	vendessimo	avessimo	venduto
voi	vendevate	avevate	venduto	vendeste	aveste	venduto
loro	vendevano	avevano	venduto	vendessero	avessero	venduto
	Passato remoto	*Trapassato remoto*				
io	vendei/ vendetti	ebbi	venduto			
tu	vendesti	avesti	venduto			
lui	vendé/ vendette	ebbe	venduto			
noi	vendemmo	avemmo	venduto			
voi	vendeste	aveste	venduto			
loro	venderono/ vendettero	ebbero	venduto			

Infinito: vendere; aver venduto

Gerundio: vendendo; avendo venduto

Participio passato: venduto

	Futuro semplice	Futuro anteriore
io	venderò	avrò venduto
tu	venderai	avrai venduto
lui	venderà	avrà venduto
noi	venderemo	avremo venduto
voi	venderete	avrete venduto
loro	venderanno	avranno venduto

	Condizionale	Condizionale passato
io	venderei	avrei venduto
tu	venderesti	avresti venduto
lui	venderebbe	avrebbe venduto
noi	venderemmo	avremmo venduto
voi	vendereste	avreste venduto
loro	venderebbero	avrebbero venduto

Imperativo	
vendi!	verkaufe!
venda!	verkaufen Sie!
vendiamo!	verkaufen wir!
vendete!	verkauft!
	verkaufen Sie!

Besonderheiten der Verben auf *-ere*

Verben auf *-cere, -gere*

vincere: *siegen*	vinco vinci vince vinciamo vincete vincono	conoscere: *kennen*	conosco conosci conosce conosciamo conoscete conoscono	leggere: *lesen*	leggo leggi legge leggiamo leggete leggono
	vinca		conosca		legga

Bei den Verben auf *-cere* und *-gere* hängt die Aussprache von c und g vom nachfolgenden Vokal ab; wenn ein -e oder ein -i folgt, wird es weich ausgesprochen (wie in Matsch, Gin), ansonsten hart (wie in Koffer, Gast).

Passato remoto der regelmäßigen Verben auf *-ere*

vendere: *verkaufen*	vendei *oder* vendetti vendesti vendé *oder* vendette vendemmo vendeste venderono *oder* vendettero

Das *Passato remoto* der Verben auf *-ere* ist meist unregelmäßig. Die wenigen regelmäßigen Verben haben beim *passato remoto* in der 1. Person Singular und in der 3. Person im Singular und Plural zwei Formen für das *Passato remoto;* die Langformen auf *-etti, -ette, -ettero* werden häufiger verwendet.

Bei Verben, deren Stamm auf *-t* endet (wie *potere*), werden nur die Kurzformen verwendet: *potei, poté, poterono.*

12.3 Die Verben auf *-ire*

Indicativo				Congiuntivo		
Presente		*Passato prossimo*		*Presente*		*Passato*
io	sento	ho	sentito	senta	abbia	sentito
tu	senti	hai	sentito	senta	abbia	sentito
lui	sente	ha	sentito	senta	abbia	sentito
noi	sentiamo	abbiamo	sentito	sentiamo	abbiamo	sentito
voi	sentite	avete	sentito	sentiate	abbiate	sentito
loro	sentono	hanno	sentito	sentano	abbiano	sentito
Imperfetto		*Trapassato prossimo*		*Imperfetto*		*Trapassato*
io	sentivo	avevo	sentito	sentissi	avessi	sentito
tu	sentivi	avevi	sentito	sentissi	avessi	sentito
lui	sentiva	aveva	sentito	sentisse	avesse	sentito
noi	sentivamo	avevamo	sentito	sentissimo	avessimo	sentito
voi	sentivate	avevate	sentito	sentiste	aveste	sentito
loro	sentivano	avevano	sentito	sentissero	avessero	sentito
Passato remoto		*Trapassato remoto*				
io	sentii	ebbi	sentito			
tu	sentisti	avesti	sentito			
lui	sentì	ebbe	sentito			
noi	sentimmo	avemmo	sentito			
voi	sentiste	aveste	sentito			
loro	sentirono	ebbero	sentito			
Futuro semplice		*Futuro anteriore*				
io	sentirò	avrò	sentito			
tu	sentirai	avrai	sentito			
lui	sentirà	avrà	sentito			
noi	sentiremo	avremo	sentito			
voi	sentirete	avrete	sentito			
loro	sentiranno	avranno	sentito			

Infinito: sentire; aver sentito
Gerundio: sentendo; avendo sentito
Participio passato: sentito

	Condizionale	Condizionale passato	
io	sentirei	avrei	sentito
tu	sentiresti	avresti	sentito
lui	sentirebbe	avrebbe	sentito
noi	sentiremmo	avremmo	sentito
voi	sentireste	avreste	sentito
loro	sentirebbero	avrebbero	sentito

Imperativo	
senti!	höre!
senta!	hören Sie!
sentiamo!	hören wir!
sentite!	hört! hören Sie!

Verben auf -ire mit Stammerweiterung

Nicht alle Verben auf -ire werden wie in der Tabelle von *sentire* konjugiert. Sehr viele dieser Verben haben eine Stammerweiterung, und schieben in manchen Zeiten und Personen die Buchstaben -isc- vor die Endung. In der folgenden Tabelle finden Sie die davon betroffenen Formen:

	io	tu	lui	noi	voi	loro
Indicativo presente:	finisco	finisci	finisce	finiamo	finite	finiscono
Congiuntivo Presente:	finisca	finisca	finisca	finiamo	finiate	finiscano
Imperativo:		finisci!	finisca!	finiamo!	finite!	

Für Verben mit Stammerweiterung gibt es leider kein Erkennungsmerkmal: Nur durch einen schnellen Blick ins Wörterbuch können Sie sich vergewissern, wie sich ein Verb auf -ire verhält.

12.4 Das reflexive Verb

Es gibt reflexive Verben auf -are, -ere und -ire; sie werden wie in den obigen Tabellen konjugiert, allerdings mit zwei wichtigen Unterschieden:
1. Die Reflexivpronomen *mi, ti, si, ci, vi, si* stehen immer beim Verb, und zwar in der Regel **vor** dem Verb. Genaueres zur Stellung der Pronomen erfahren Sie im Kap. 6.2.
2. Reflexive Verben werden in den zusammengesetzten Zeiten immer mit *essere* konjugiert. Das Partizip richtet sich dabei in Geschlecht und Zahl nach dem Subjekt.

Wenn ein reflexives Verb zusammen mit einem **Modalverb** (*volere, potere, dovere*) auftritt, steht:
1. als Hilfsverb **essere**, wenn das Reflexivpronomen vor dem konjugierten Verb steht:
   Mi sono voluta lavare.   Ich habe mich waschen wollen.

2. als Hilfsverb **avere**, wenn das Reflexivpronomen an den Infinitiv angehängt wird:

Ho voluto lavarmi. Ich habe mich waschen wollen.

Indicativo	
Presente	*Passato prossimo*
io mi lavo	mi sono lavato/a
Imperfetto	*Trapassato prossimo*
io mi lavavo	mi ero lavato/a
Passato remoto	*Trapassato remoto*
io mi lavai	mi fui lavato/a
Futuro semplice	*Futuro anteriore*
io mi laverò	mi sarò lavato/a

Congiuntivo	
Presente	*Passato*
mi lavi	mi sia lavato/a
Imperfetto	*Trapassato*
mi lavassi	mi fossi lavato/a

Infinito: lavarsi; essersi lavato/a/i/e
Gerundio: lavandosi; essendosi lavato/a/i/e
Participio passato: lavato

Condizionale	Condizionale passato
io mi laverei	mi sarei lavato/a

Imperativo

lavati! wasche dich!
Non lavarti/wasche dich nicht!
non ti lavare!
si lavi! waschen Sie sich!
laviamoci! waschen wir uns!
lavatevi! wascht euch!

12.5 Die Hilfsverben

Essere (sein)

Indicativo			Congiuntivo	
Presente	*Passato prossimo*		*Presente*	*Passato*
io sono	sono stato		sia	sia stato
tu sei	sei stato		sia	sia stato
lui è	è stato		sia	sia stato
noi siamo	siamo stati		siamo	siamo stati
voi siete	siete stati		siate	siate stati
loro sono	sono stati		siano	siano stati

	Imperfetto	*Trapassato prossimo*
io	ero	ero stato
tu	eri	eri stato
lui	era	era stato
noi	eravamo	eravamo stati
voi	eravate	eravate stati
loro	erano	erano stati

	Passato remoto	*Trapassato remoto*
io	fui	fui stato
tu	fosti	fosti stato
lui	fu	fu stato
noi	fummo	fummo stati
voi	foste	foste stati
loro	furono	furono stati

	Futuro semplice	*Futuro anteriore*
io	sarò	sarò stato
tu	sarai	sarai stato
lui	sarà	sarà stato
noi	saremo	saremo stati
voi	sarete	sarete stati
loro	saranno	saranno stati

	Imperfetto	*Trapassato*
io	fossi	fossi stato
tu	fossi	fossi stato
lui	fosse	fosse stato
noi	fossimo	fossimo stati
voi	foste	foste stati
loro	fossero	fossero stati

Infinito: essere; essere stato
Gerundio: essendo; essendo stato
Participio passato: stato, -a, -i, -e

	Condizionale	*Condizionale passato*
io	sarei	sarei stato
tu	saresti	saresti stato
lui	sarebbe	sarebbe stato
noi	saremmo	saremmo stati
voi	sareste	sareste stati
loro	sarebbero	sarebbero stati

Imperativo	
sii...!	sei...!
sia...!	seien Sie...!
siamo...!	seien wir...!
siate..!	seid/seien Sie...!

Avere (haben)

Indicativo			Congiuntivo		
	Presente	*Passato prossimo*		*Presente*	*Passato*
io	ho	ho avuto		abbia	abbia avuto
tu	hai	hai avuto		abbia	abbia avuto
lui	ha	ha avuto		abbia	abbia avuto
noi	abbiamo	abbiamo avuto		abbiamo	abbiamo avuto
voi	avete	avete avuto		abbiate	abbiate avuto
loro	hanno	hanno avuto		abbiano	abbiano avuto

	Imperfetto	*Trapassato prossimo*
io	avevo	avevo avuto
tu	avevi	avevi avuto
lui	aveva	aveva avuto
noi	avevamo	avevamo avuto
voi	avevate	avevate avuto
loro	avevano	avevano avuto

	Passato remoto	*Trapassato remoto*
io	ebbi	ebbi avuto
tu	avesti	avesti avuto
lui	ebbe	ebbe avuto
noi	avemmo	avemmo avuto
voi	aveste	aveste avuto
loro	ebbero	ebbero avuto

	Futuro semplice	*Futuro anteriore*
io	avrò	avrò avuto
tu	avrai	avrai avuto
lui	avrà	avrà avuto
noi	avremo	avremo avuto
voi	avrete	avrete avuto
loro	avranno	avranno avuto

	Imperfetto	*Trapassato*
avessi	avessi avuto
avessi	avessi avuto
avesse	avesse avuto
avessimo	avessimo avuto
aveste	aveste avuto
avessero	avessero avuto

Infinito: avere; aver avuto
Gerundio: avendo; avendo avuto
Participio passato: avuto, -a, -i, -e

	Condizionale	*Condizionale passato*
io	avrei	avrei avuto
tu	avresti	avresti avuto
lui	avrebbe	avrebbe avuto
noi	avremmo	avremmo avuto
voi	avreste	avreste avuto
loro	avrebbero	avrebbero avuto

Imperativo	
abbi...!	habe...!
abbia...!	haben Sie...!
abbiamo...!	haben wir...!
abbiate...!	habt/haben Sie...!

Der Gebrauch von *essere* oder *avere* in den zusammengesetzten Zeiten

Mit *avere* werden verbunden:

1. alle **transitiven** Verben

   Ho mangiato una pizza.   Ich habe eine Pizza gegessen.

2. manche **intransitive** Verben

   Ha riso.   Er hat gelacht.

3. folgende Verben – im Gegensatz zum Deutschen:

camminare	entlang gehen
girare	ziehen (im Sinne von wandern)
nuotare	schwimmen
passeggiare	spazieren gehen
sciare	Ski fahren
viaggiare	reisen

Ein Beispiel:

Hai viaggiato molto?   **Bist** du viel gereist?

Mit *essere* werden verbunden (das Partizip richtet sich dabei in Geschlecht und Zahl nach dem Subjekt):

1. die meisten Verben, die **Bewegung**, den **Wechsel** oder das **Beibehalten** eines **Zustands** bezeichnen (wie im Deutschen), wie z. B. *andare* (gehen), *cadere* (fallen), *diventare* (werden), *entrare* (betreten), *morire* (sterben), *nascere* (geboren werden), *rimanere* (bleiben).

2. **reflexive** (und reflexiv gebrauchte) Verben

Mi sono lavata i capelli.	Ich habe mir die Haare gewaschen.
Si è mangiato tutta la torta.	Er hat den ganzen Kuchen gegessen.

3. **unpersönliche** und **unpersönlich** gebrauchte Verben

E' piovuto tutta la notte.	Es hat die ganze Nacht geregnet.[1]
E' successo di tutto.	Es ist alles Mögliche passiert.
Si è discusso a lungo.	Man hat lange diskutiert.

[1] Die Verben, die die Wetterlage ausdrücken, werden in der Umgangssprache auch mit *avere* verbunden:

Stanotte è/ha nevicato.   Heute Nacht hat es geschneit.

4. die Modalverben *dovere, potere, volere,* wenn auf sie ein Verb folgt, das *essere* verlangt

Non sono potuta venire.	Ich konnte nicht kommen.
Sono voluti restare soli.	Sie wollten allein bleiben.

Mit *dovere, potere* und *volere* wird in der Umgangssprache häufig auch *avere* benutzt:

Non ho potuto venire.

5. im Gegensatz zum Deutschen werden folgende Verben mit *essere* verbunden:

bastare	reichen, genügen
costare	kosten
dispiacere	Leid tun
durare	dauern
esistere	existieren
parere	scheinen
piacere	gefallen
servire	nützen, dienen

Ein Beispiel:
  Il film **è** durato tre ore.   Der Film **hat** drei Stunden gedauert.

13 *Sbagliando s'impara* – Der Gebrauch der Modi und Zeiten
13.1 Der Indikativ

Der Indikativ wird meist gebraucht, wenn ein Geschehen als **wahr** dargestellt wird. Im Indikativ können drei Zeitstufen unterschieden werden:

Vorzeitigkeit	Gleichzeitigkeit	Nachzeitigkeit
Passato prossimo Imperfetto Passato remoto Trapassato prossimo Trapassato remoto	Presente	Futuro semplice Futuro anteriore

13.1.1 Das *Presente*

Das *Presente* wird benutzt für:

1. Zustände oder Handlungen,
   – die sich in der Gegenwart abspielen:
     Oggi piove.   Heute regnet es.

– die bis in die Gegenwart dauern:
Abito a Pisa da cinque anni. Ich wohne seit fünf Jahren in Pisa.

2. Gewohnheiten:
La sera mi piace leggere un libro. Abends lese ich gerne ein Buch.

3. zeitlos gültige Feststellungen:
Lavorare stanca. Arbeit ermüdet.

4. eine zukünftige Handlung, die als sicher angesehen wird:
Domani parto. Morgen fahre ich weg.

5. historisches *Presente* (von der Vergangenheit wird berichtet, als ob es Gegenwart wäre; dient dazu, lebhaft/dramatisch zu erzählen):
Nel 1969 Neil Armstrong sbarca sulla luna. 1969 landet Neil Armstrong auf dem Mond.

13.1.2 Das *Passato prossimo*

Zu *essere* oder *avere* im *Passato Prossimo* → Kap. 12.5.

Das *Passato prossimo* bezeichnet:

1. vergangene Handlungen, deren Folgen noch in der Gegenwart andauern:
Gino mi ha scritto una lettera; devo rispondergli. Gino hat mir einen Brief geschrieben; ich muss darauf antworten.

2. Handlungen, die gerade eben passiert sind:
Siamo appena arrivati. Wir sind gerade angekommen.

3. Handlungen, die sich in einem Zeitraum abgespielt haben, der noch andauert:
Che cosa hai fatto oggi? Was hast du heute gemacht?

4. in manchen Fällen Handlungen, die in der Zukunft abgeschlossen werden (anstelle des *Futuro anteriore*):
Alle tre ho finito e passo a prenderti. Um drei bin ich fertig, ich hole dich dann ab.

13.1.3 Das *Passato remoto*

Das *Passato remoto* bezeichnet einen in der Vergangenheit abgeschlossenen Vorgang, unabhängig von seinen Auswirkungen auf die Gegenwart. Die Dauer oder Häufigkeit des Vorgangs ist dabei nicht von Belang:

Petrarca visse ad Avignone.	Petrarca lebte in Avignon.
Manzoni morì nel 1873.	Manzoni starb 1873.

Der Unterschied zwischen *Passato Remoto* und *Passato Prossimo* besteht im unterschiedlichen Grad der „Gegenwartsnähe": Während das *Passato Prossimo* die „Aktualität" von Handlungen unterstreicht, rückt sie das *Passato Remoto* in eine entferntere Vergangenheit. Vergleichen Sie die folgenden zwei Beispiele:

Italo Svevo ha scritto *La Coscienza di Zeno*.	Italo Svevo hat *La Coscienza di Zeno* geschrieben.

Passato Prossimo → Betonung liegt auf Aktualität: Svevo ist der Autor des Buches, das Buch gibt es, wir können es **heute** lesen.

Italo Svevo scrisse *La Coscienza di Zeno* dal 1919 al 1923.	Italo Svevo schrieb *La Coscienza di Zeno* von 1919 bis 1923.

Passato Remoto → Anfang und Ende der Handlung sind im Vordergrund, die Handlung ist in der **Vergangenheit** abgeschlossen.

In der gesprochenen Sprache wird in Norditalien das *Passato prossimo* immer mehr anstelle des *Passato remoto* verwendet; das *Passato remoto* wird weiterhin in der Schriftsprache benutzt, insbesondere als Erzählzeit. In Süditalien werden sowohl das *Passato prossimo* als auch das *Passato remoto* gebraucht mit der Tendenz, auch ganz nahe Ereignisse im *Passato remoto* darzustellen. Nur in Mittelitalien werden *Passato prossimo* und *Passato remoto* streng auseinandergehalten.

Das *Passato remoto* ist die Zeitform der **schriftlichen Erzählung**.

13.1.4 Das *Imperfetto*

Das *Imperfetto* bezeichnet:

1. vergangene Handlungen, Vorgänge oder Zustände, die als nicht abgeschlossen angesehen werden (Hintergrundschilderung):

Il cavallo galoppava nella foresta.	Das Pferd lief im Galopp durch den Wald.
Nevicava fitto fitto.	Es schneite heftig.
Mio fratello stava male.	Meinem Bruder ging es schlecht.

2. in der Vergangenheit regelmäßig wiederholte Handlungen:

Da piccola giocavo sempre fuori.   Als ich klein war, spielte ich immer draußen.

Weitere Verwendungen des *Imperfetto:*

3. abgeschwächte, höfliche Darstellung von Anliegen/Einwänden/Absagen:

Buongiorno, volevo parlare con Lucia.   Guten Tag, ich wollte Lucia sprechen.

4. umgangssprachlicher Ersatz (im Bedingungssatz ➜ Kap. 13.5) für:

– das *Condizionale passato*

Potevi dirmelo.   Das hättest du mir sagen können.
= Avresti potuto dirmelo.

– das *Congiuntivo trapassato*

Se venivi prima, ce la facevamo. = Se fossi venuto prima, ce l'avremmo fatta.   Wärst du früher gekommen, hätten wir's geschafft.

13.1.5 Gegenüberstellung von *Imperfetto* und *Passato prossimo*

Dies ist einer der heikelsten Punkte der italienischen Grammatik, da es diesen Unterschied im Deutschen gar nicht gibt! Noch etwas: was über das *Passato prossimo* gesagt wird, gilt hier auch für das *Passato remoto;* beide Zeiten gehören der gleichen „abgeschlossenen" Kategorie an – im Gegensatz zur „unbegrenzten" des *Imperfetto.* (Das *Passato prossimo* und das *Passato remoto* unterscheiden sich aber in ihrem Bezug zur Gegenwart!)

1. Wenn mehrere Vorgänge in der Vergangenheit gleichzeitig nebeneinander verlaufen, ohne zu einem Abschluss zu kommen, so stehen sie alle im *Imperfetto:*

Mentre lavoravo, mio marito guardava la Formula Uno.   Während ich arbeitete, sah sich mein Mann die Formel Eins an.

2. Ist von zwei vergangenen Geschehen das eine noch im Verlauf, während das zweite einsetzt, so steht das erste im *Imperfetto,* und das zweite im *Passato prossimo*:

Mentre lavoravo, è suonato il telefono.   Während ich arbeitete, hat das Telefon geklingelt.

3. Wenn mehrere in sich abgeschlossene Vorgänge der Vergangenheit aufeinanderfolgen, stehen sie im *Passato prossimo:*

| E' suonato il telefono, così mi sono alzata e ho alzato la cornetta. | Das Telefon hat geklingelt, deshalb bin ich aufgestanden und habe den Hörer aufgenommen. |

Eine Erzählung über Vergangenes ist immer ein dichtes Gewebe von beiden Zeitformen.

In der folgenden kurzen Geschichte sind die Handlungen, die im Hintergrund ablaufen bzw. Begleitumstände darstellen, in blauer Schrift (➔ *Imperfetto* (was war?), die Handlungskette im Vordergrund ist in grüner Schrift ➔ *Passato prossimo* (was ist passiert?).

Era una sera d'inverno. Es war an einem Winterabend.
Fuori la neve scendera lentamente. Draußen fiel langsam der Schnee.
Improvvisamente ho sentito un rumore. Plötzlich hörte ich ein Geräusch.
Credevo fosse mio marito che rientrava. Ich glaubte, es sei mein Mann, der zurückkehrte.
Invece hanno suonato alla porta. Stattdessen klingelte es an der Tür.
Avevo paura. Ma era solo la mia vicina. Ich hatte Angst. Aber es war nur meine Nachbarin.
Che paura mi hai fatto prendere – Le ho detto. Ich bin wegen dir erschrocken! – sagte ich ihr.

Hier noch eine kleine Hilfe, welche Zeitform Sie wann benutzen: Als Begleitumstände zählen Beschreibungen, Kommentare, Erklärungen, Begründungen, Absichten usw. Sie müssen zeitlich ohne Begrenzung dargestellt sein. Dann wird das *Imperfetto* benutzt.
Die Ereignisse der Handlungskette werden oft durch Signalwörter wie *improvvisamente, allora, poi,* usw. angezeigt. Zur Darstellung der Handlungskette wird das *Passato Prossimo* verwendet.

Bei einigen Verben ergibt sich ein Bedeutungsunterschied, je nachdem, ob sie im *Imperfetto* oder im *Passato Prossimo* stehen (im Deutschen wird es durch zwei verschiedene Verben wiedergegeben):

avere	Avevo paura.	Ich **hatte** Angst.
	Ho avuto paura.	Ich **bekam** Angst.
conoscere	Lo conoscevo dal 1975.	Ich **kannte** ihn seit 1975.
	L'ho conosciuto nel 1975.	Ich **habe** ihn 1975 kennen gelernt.
sapere	Lo sapevi?	**Wusstest** du das?
	Da chi l'hai saputo?	Von wem **hast** du das **erfahren**?
sentirsi	Si sentiva male.	Er **fühlte** sich schlecht.
	Si è sentito male.	Es **wurde** ihm **schlecht**.

13.1.6 Das *Trapassato prossimo* und das *Trapassato remoto*

Vorzeitigkeit	
Trapassato prossimo	*Passato prossimo*
Mi ero appena svegliata, Ich war gerade aufgewacht,	quando hanno bussato alla porta. als jemand an der Tür klopfte.
Trapassato remoto	*Passato remoto*
Non appena mi fui svegliata, Nachdem ich aufgewacht war,	**bussarono alla porta.** klopfte jemand an der Tür.

Das *Trapassato prossimo* bezeichnet einen Vorgang in der Vergangenheit, der vor einem anderen vergangenen Ereignis stattgefunden hat (das im *Passato prossimo* oder *Passato remoto* dargestellt wird); das *Trapassato remoto* bezeichnet einen Vorgang, der vor einem Ereignis im *Passato remoto* stattgefunden hat.

Das *Trapassato remoto* wird seltener gebraucht als das *Trapassato prossimo*, da es nur in Nebensätzen vorkommen kann, die durch **dopo che**, **quando**, **appena (che)**, **non appena** eingeführt werden; das *Trapassato prossimo* dagegen kann in Haupt- und Nebensätzen vorkommen und wird oft anstelle des *Trapassato remoto* verwendet.

13.1.7 Das *Futuro* und das *Futuro anteriore*

Das *Futuro* wird verwendet, um

1. Handlungen oder Zustände auszudrücken, die in der Zukunft liegen:

   Arriverò domani.   Ich werde morgen ankommen.

2. eine Vermutung auszudrücken:

   Il mio dentista avrà quarant'anni.   Mein Zahnarzt dürfte 40 Jahre alt sein.

3. einen Befehl auszudrücken:

   Farai quello che dico io!   Du wirst tun, was ich dir sage!

Das *Futuro anteriore* bezeichnet:

1. Handlungen oder Zustände, die vor anderen Handlungen in der Zukunft stattfinden (eine Art „Vergangenheit in der Zukunft"):

   Quando lo avrai visto, capirai perché dico questo.   Wenn du ihn gesehen hast, wirst du verstehen, warum ich so spreche.

   Ti telefonerò appena sarò arrivato.   Ich rufe dich an, sobald ich angekommen bin.[1]

2. eine **Vermutung** in der Vergangenheit:

Saranno state le otto.   Es wird 8 Uhr gewesen sein.

[1] In der Umgangssprache wird in diesen Fällen häufig auch das einfache *Futuro* gebraucht, oder – im Zusammenhang mit dem als *Futuro* gebrauchten *Presente* – das *Passato prossimo*:

Futuro – Futuro anteriore:	Ti telefonerò appena sarò arrivato.
Futuro – Futuro:	Ti telefonerò appena arriverò.
Presente – Futuro:	Ti telefono appena sono arrivato.

13.2 Der Imperativ – Die Befehlsform

Zu den Formen des Imperativs:
- Alle Imperativformen stimmen mit den Präsensformen überein, außer den Verben auf *-are*, die die 2. Person Singular auf *-a* bilden (z. B. mangia!, studia!).
- Der verneinte Imperativ der 2. Person Singular wird mit **non** + **Infinitiv** gebildet, z. B.:

  Non fumare!   Rauche nicht!
  Non parlare! Sprich nicht!

- Der Imperativ der Höflichkeitsform stammt aus den Formen des *Congiuntivo presente*:

  Congiuntivo: Vuole che vada via.   Er will, dass ich weg gehe.
  Imperativ: (Lei) vada via!   Gehen Sie weg!

Zu der Stellung von unbetonten Pronomen beim Imperativ ➔ Kap. 6.7.

13.3 Das *Condizionale*

Das *Condizionale* wird verwendet:
1. in Bedingungssätzen (➔ 13.5), um etwas Mögliches oder Irreales auszudrücken:

   Se fossi ricchissima, viaggerei molto.   Wenn ich sehr reich wäre, würde ich viel verreisen.

2. als *Condizionale passato* in der indirekten Rede (➔ Kap. 13.7), um die Nachzeitigkeit zu bezeichnen (Zukunft in der Vergangenheit):

   Disse che l'avrebbe fatto subito. Er sagte, er würde es gleich tun.

3. zum Ausdruck eines Wunsches:

   Vorrei andare in Australia.   Ich würde gerne nach Australien fliegen.

4. zum Ausdruck einer höflichen Bitte oder Aufforderung:

Ti dispiacerebbe aprire la porta?	Würde es dir etwas ausmachen, die Tür zu öffnen?

5. zur Abschwächung von Aussagen:

Secondo me sarebbe il caso di scusarsi.	Meiner Meinung nach wäre es angebracht, sich zu entschuldigen.

6. zur vorsichtigen Wiedergabe von Nachrichten:

Secondo alcune indiscrezioni, il presidente sarebbe stato visto in un locale del centro.	Wie aus Indiskretionen zu erfahren war, soll der Präsident in einem Lokal der Stadtmitte gesehen worden sein.

7. zum Ausdruck einer gewissen Skepsis:

E quanto hai detto che costerebbe?	Und was hast du gemeint, was es kosten soll?

13.4 Der *Congiuntivo*

Während der Indikativ ein Geschehen als wahr und objektiv darstellt, tritt mit dem Congiuntivo die Subjektivität in den Vordergrund!

Indicativo	
Carlo è malato.	Carlo ist krank.
Congiuntivo	
Mi dispiace che Carlo **sia** malato.	Es tut mir Leid, dass Carlo krank ist.
Temo che Carlo **sia** malato.	Ich fürchte, dass Carlo krank ist.

13.4.1 Der *Congiuntivo* in Nebensätzen

Der italienische *Congiuntivo* ist das Hauptsignal für Nebensätze, wenn im Hauptsatz gewisse Verben/Ausdrücke stehen. Diese sind:

Verben/Ausdrücke des Meinens und Glaubens

Penso che l'Italia debba restare unita.	Ich denke, dass Italien vereint bleiben sollte.

Dazu gehören: *credo/penso/trovo/ritengo che* (ich denke, dass); *sono del parere/dell'opinione che* (ich bin der Ansicht, dass); *ho l'impressione che* (ich habe den Eindruck, dass); *immagino che* (ich kann mir vorstellen, dass); *mi sembra/pare che* (es scheint mir, dass); *sono convinto che* (ich bin überzeugt, dass)

Nach *pensare, credere, ritenere, sembrare, parere* kann *che* entfallen:

Non ritengo (che) sia necessario. Ich glaube nicht, dass es nötig ist.

Bedingung dafür ist aber, dass im *che*-Satz der Congiuntivo steht und nicht (wie es umgangssprachlich oft der Fall ist) der Indikativ!

Verben/Ausdrücke der Willensäußerung/Hoffnung/Erlaubnis/Verbietens

Voglio che lui mi dia una risposta.

Ich möchte, dass er mir eine Antwort gibt.

Dazu gehören Verben wie z. B.:
aspetto che (ich warte darauf, dass); *chiedo che* (ich bitte darum, dass); *domando che* (ich verlange, dass); *concedo/consento (a qualcuno) che* (ich gestatte jmd., dass); *desidero che* (ich wünsche, dass); *esigo/pretendo che* (ich fordere, dass); *imploro/supplico che* (ich bitte flehentlich, dass); *lascio che* (ich lasse es zu, dass); *non vedo l'ora che* (ich kann es nicht abwarten, bis); *ordino a qn. che* (jmd. befehlen, dass); *permetto che* (ich erlaube, dass); *preferisco che* (ich ziehe es vor, dass); *prego che* (ich bitte darum, dass); *spero che* (ich hoffe, dass); *voglio che* (ich will, dass) usw.

Verben/Ausdrücke der Gefühlsäußerung

Sono contenta che tu mi venga a trovare.

Ich freue mich, dass du mich besuchst.

Dazu gehören: *sono contento/felice che* (ich freue mich, dass); *sono triste che* (ich bin traurig, dass); *sono sorpreso che* (ich bin überrascht, dass); *non sopporto che* (ich ertrage es nicht, dass); *temo che* (ich fürchte, dass); *ho paura che* (ich habe Angst, dass); *mi dà fastidio che* (es stört mich, dass); *mi dispiace che* (es tut mir Leid, dass); *mi fa piacere che* (es freut mich, dass); *mi meraviglio/stupisco che* (ich wundere mich, dass); *mi preoccupo che* (ich mache mir Sorgen, dass); *mi vergogno che* (ich schäme mich dafür, dass)

Verben/Ausdrücke des Zweifelns und der Unsicherheit

Non sapevo se fosse vero. Ich wusste nicht, ob es stimmte.
Dubito che dica la verità. Ich bezweifle, dass er die Wahrheit sagt.

Dazu gehören: *dubito che* (ich bezweifle, dass); *mi domando se* (ich frage mich, ob)

Außerdem zählen dazu auch Verben/Ausdrücke des Behauptens, Versicherns und Wissens, wenn sie in verneinter Form gebraucht werden, z. B.: *non so se* (ich weiß nicht, ob); *non sono sicuro che* (ich bin nicht sicher, ob); *non capisco come* (ich verstehe nicht, wie)

Unpersönliche Verben/Ausdrücke

Può darsi che io abbia ragione.	Es kann sein, dass ich Recht habe.
E' ingiusto che alcuni vengano favoriti.	Es ist ungerecht, dass manche bevorzugt behandelt werden.

Dazu gehören: *bisogna/occorre che* (es ist erforderlich, dass); *basta che* (es reicht, wenn); *può darsi che* (es kann sein, dass); *non è detto che* (es ist nicht gesagt, dass); *è una vergogna che* (es ist eine Schande, dass); *(è un) peccato che* (es ist schade, dass); *è/mi sembra/mi pare meglio/giusto/importante/necessario* usw. *che* (es ist/es scheint mir besser/gerecht/wichtig/notwendig usw., dass)

Zum *Congiuntivo* im *che*-Satz merken Sie sich bitte noch Folgendes:

– Anders als im Deutschen, steht im Italienischen vor dem *che* kein Komma!
– Wenn Haupt- und Nebensatz das gleiche Subjekt haben, wird anstelle des *che*-Satzes ein Infinitivsatz gebraucht (anders als im Deutschen!):

Temo che Alfredo abbia freddo.	Ich fürchte, Alfredo ist es kalt.
Aber: Temo **di aver** freddo.	**Ich** fürchte, dass es **mir** kalt wird.

Weiterer Gebrauch des *Congiuntivo* in Nebensätzen

Der *Congiuntivo* steht nicht nur in *che*-Sätzen, die durch die eben genannten Ausdrücke eingeführt werden. Er steht auch:

1. nach bestimmten Konjunktionen

Benché sia stanco, non riesce a dormire.	Obwohl er müde ist, kann er nicht schlafen.

Eine Liste der Konjunktionen mit Beispielen finden Sie in Kap. 19.

2. nach Ausdrücken mit konditionalem Charakter

Qualsiasi cosa mangi, trova sempre da ridire.	Egal, was er isst, er hat immer etwas zu meckern.

Also nach: *chiunque, qualunque* (welches auch immer), *dovunque, comunque* (egal, wie)

3. nach dem vorangestellten *che*-Satz/*il fatto che*-Satz

Che venga è sicuro.	Dass er kommt, ist ziemlich sicher.

4. nach einigen verneinten Ausdrücken

| Non dico che debba farlo subito, ma presto. | Ich sage nicht, dass er das sofort tun muss, aber er sollte es bald tun. |

5. in bestimmten Relativsätzen

   a. wenn Wünsche/Forderungen ausgedrückt werden:

   | Pensate a un regalo che vi faccia piacere. | Denkt an ein Geschenk, worüber ihr euch freuen würdet. |

   b. wenn im Hauptsatz Ausschließlichkeit zum Ausdruck kommt, durch
   - Superlativ:

     | E' la casa più bella che abbia mai visto. | Es ist das schönste Haus, das ich je gesehen habe. |

   - Verneinung:

     | Non c'è nessuno che voglia venire? | Ist niemand da, der mitkommen möchte? |

   - *l'unico, il solo, il primo* usw.:

     | Siamo gli unici che vadano d'accordo. | Wir sind die einzigen, die sich gut verstehen. |

Der *Congiuntivo* hat, anders als der deutsche Konjunktiv, nichts mit indirekter Rede zu tun.

Bei informellem Sprachgebrauch wird der *Congiuntivo* im *che*-Satz immer mehr durch den Indikativ verdrängt:

| Credo che sia vero. | Ich glaube, dass es wahr ist. |

→ Credo che è vero.

13.4.2 Der *Congiuntivo* im Hauptsatz

Der *Congiuntivo* steht ziemlich selten im Hauptsatz. Er kann darin Folgendes ausdrücken:

1. im *Congiuntivo presente* Wunsch/Hoffnung:

   | Possiate vivere in pace! | Möget ihr in Frieden leben! |

2. im *Congiuntivo imperfetto/trapassato* irreale Wunschsätze:

   | Ti avessi conosciuto prima! | Hätte ich dich bloß früher kennen gelernt! |
   | Fossi ricca! | Wenn ich nur reich wäre! |

3. Aufforderungen, Verwünschungen (oft formelhafte Wendungen):
(Che) mi cerchi lui! Er soll mich aufsuchen!

4. zweifelnde Überlegungen
Che abbia ragione lei? Ob sie wohl recht hat?

13.5 Der Bedingungssatz

Im Italienischen wird die Konstruktion mit dem Bedingungssatz „*periodo ipotetico*" genannt. Sie besteht aus dem durch *se* eingeleiteten Satz, der die Bedingung enthält, und dem Hauptsatz, in dem die Folge dargestellt wird. Im Deutschen entspricht dieser Konstruktion das Prinzip „wenn ..., dann ...". Je nachdem, wie wahrscheinlich die Bedingung und die Folge sind, werden unterschiedliche Zeitformen verwendet.

Reale Hypothese = Bedingung und Folge sind sehr wahrscheinlich

se + Indikativ + Indikativ	
Se esco con questo tempo, mi ammalo/ammalerò.	Wenn ich bei diesem Wetter ausgehe, werde ich krank (werden).
se + Indikativ + Condizionale presente	
Se ti impegni di più, potresti riuscirci.	Wenn du dir mehr Mühe gibst, könntest du es schaffen.
se + Indikativ + Imperativ	
Se esci, comprami le sigarette.	Falls du weggehst, kauf mir Zigaretten.

Mögliche Hypothese = Bedingung und Folge sind zwar möglich, aber nicht sehr wahrscheinlich

se + Congiuntivo imperfetto + Condizionale presente	
Se mangiassi regolarmente, non avresti mal di stomaco.	Wenn du regelmäßig essen würdest, hättest du keine Magenschmerzen.
se + Congiuntivo imperfetto + Imperativ	
Se ti sentissi male, telefonami.	Falls es dir schlecht gehen sollte, ruf mich an.

Irreale Hypothese = Bedingung und Folge sind unmöglich

se + Congiuntivo imperfetto + Condizionale presente	
Se Monna Lisa vivesse nella nostra epoca, farebbe la fotomodella.	Würde Mona Lisa heutzutage leben, wäre sie ein Model.
se + Congiuntivo trapassato + Condizionale passato	
Se fosse stato al posto mio, non l'avrebbe fatto.	Wenn er an meiner Stelle gewesen wäre, hätte er es nicht gemacht.
se + Congiuntivo trapassato + Condizionale presente	
Se fossimo arrivati in tempo, i negozi sarebbero ancora aperti.	Wenn wir rechtzeitig gekommen wären, wären die Läden noch offen.

Der Bedingungssatz kann außer durch *se* auch durch andere Konjunktionen eingeführt werden, die (anders als *se*) immer den *Congiuntivo* verlangen. Eine Liste dieser Konjunktionen finden Sie im Kap. 19.

13.6 Die Zeitenfolge

Die Zeitenfolge: In Nebensätzen mit Indikativ

Steht im Hauptsatz das **Presente**, das **Futuro** oder der **Imperativ**, können im Nebensatz folgende Zeiten folgen:

– bei Vorzeitigkeit:
 Passato prossimo (am häufigsten), *Imperfetto, Trapassato prossimo, Passato remoto, Condizionale passato* (falls eine Bedingung mitgedacht wird). Ein Beispiel:

 So che sei andato in Italia.   Ich weiß, dass du nach Italien gefahren bist.

– bei Gleichzeitigkeit:
 Presente. Ein Beispiel:

 Gli dirò che vai in Italia.   Ich werde ihm sagen, dass du nach Italien fährst.

– bei Nachzeitigkeit:
 Futuro (am häufigsten), *Presente, Futuro anteriore, Condizionale presente* (falls eine Bedingung mitgedacht wird). Ein Beispiel:

 Digli che andrai in Italia.   Sag ihm, dass du nach Italien fahren wirst.

Steht im Hauptsatz das **Imperfetto**, das **Passato prossimo** oder das **Passato remoto**, können im Nebensatz folgende Zeiten folgen:

– bei Vorzeitigkeit:
  Trapassato prossimo. Ein Beispiel:

  Sapevo che nel 1950 eri   Ich wusste, dass du 1950 nach
  andato in Italia.   Italien gefahren bist (warst).

– bei Gleichzeitigkeit:
  Imperfetto. Ein Beispiel:

  Aveva saputo che andavo   Er hatte erfahren, dass ich oft
  spesso in Italia.   nach Italien fuhr.

– bei Nachzeitigkeit:
  Condizionale passato (am häufigsten), *Imperfetto*. Ein Beispiel:

  Gli dissi che farei partito   Ich sagte ihm, ich würde nach
  per l'Italia.   Italien fahren.

Die Zeitenfolge: In Nebensätzen mit *Congiuntivo*

Ist der Ausgangspunkt im Hauptsatz das **Presente** oder das **Futuro**, können im Nebensatz (welche Verben/Ausdrücke den **Congiuntivo** verlangen, erfahren Sie in Kap. 13.4.1) folgende Zeiten folgen:

– bei Vorzeitigkeit:
  Congiuntivo passato (am häufigsten), *Congiuntivo imperfetto*, *Congiuntivo trapassato*, *Condizionale passato* (wenn eine Bedingung mitgedacht wird). Ein Beispiel:

  Penso che sia andato in   Ich denke, dass er nach Italien
  Italia.   gefahren ist.

– bei Gleichzeitigkeit:
  Congiuntivo presente. Ein Beispiel:

  Penserà che vada in Italia.   Er/Sie wird denken, dass ich nach
                                 Italien fahre.

– bei Nachzeitigkeit:
  Futuro (am häufigsten), *Congiuntivo presente*, *Futuro anteriore*, *Condizionale presente* (wenn eine Bedingung mitgedacht wird). Ein Beispiel:

  Penso che andrai in Italia.   Ich denke, dass du nach Italien
                                 fahren wirst.

Steht im Hauptsatz das **Imperfetto**, das **Trapassato prossimo**, das **Passato prossimo** oder das **Passato remoto**, können im Nebensatz folgende Zeiten folgen:

- bei Vorzeitigkeit:
  Congiuntivo trapassato. Ein Beispiel:

  | Temeva che fossi andato in Italia. | Er fürchtete, dass ich nach Italien gefahren sei. |

- bei Gleichzeitigkeit:
  Congiuntivo imperfetto. Ein Beispiel:

  | Avevo pensato che andassi spesso in Italia. | Ich hatte gedacht, dass du oft nach Italien fährst. |

- bei Nachzeitigkeit:
  Condizionale passato (am häufigsten), *Congiuntivo imperfetto.* Ein Beispiel:

  | Ho temuto che sarebbe partito per l'Italia. | Ich habe befürchtet, dass er nach Italien fahren würde. |

Die Zeitenfolge, wenn der Hauptsatz im Condizionale steht

Wenn im Hauptsatz das **Condizionale** steht, können im Nebensatz folgende Zeiten folgen:

- bei Vorzeitigkeit:
  Congiuntivo trapassato (am häufigsten), *Congiuntivo imperfetto, Congiuntivo passato.* Ein Beispiel:

  | Vorrei che non ci fossimo mai incontrati. | Ich wünschte mir, dass wir uns nie begegnet wären. |

- bei Gleichzeitigkeit:
  Congiuntivo imperfetto (am häufigsten), *Congiuntivo presente.* Ein Beispiel:

  | Vorrei che fossi qui. | Ich wünschte mir, dass du hier wärst. |

- bei Nachzeitigkeit:
  Congiuntivo imperfetto (am häufigsten), *Congiuntivo presente.* Ein Beispiel:

  | Vorrei che ci incontassimo presto. | Ich möchte, dass wir uns oft treffen. |

13.7 Die indirekte Rede

Die indirekte Rede ist die Wiedergabe von Äußerungen in Abhängigkeit von einem Verb des Sagens (wie *dire, rispondere, scrivere*).

Im Allgemeinen ist zu beachten:

- Der Modus der indirekten Rede ist im Italienischen der Indikativ (im Deutschen ist es der Konjunktiv)!

- Bei dem Übergang von der direkten in die indirekte Rede ändern sich Verben, Adverbien, Pronomen.

- Wenn die indirekte Rede durch ein Verb in der Vergangenheit eingeleitet wird, verändern sich außerdem manche Adverbien. Z. B. wird *qui* zu *lì, domani* wird zu *il giorno dopo* usw.

Direkte Rede	Indirekte Rede			
	Gegenwart oder Zukunft		Vergangenheit	
„Ero uscito."		che era uscito.		che era uscito.
„Ho mangiato."	Dice	che ha mangiato.	Disse	che aveva mangiato.
„Avevo sonno".	Ha detto	che aveva sonno.	Ha detto	che aveva sonno.
„Sto bene."		che sta bene.		che stava bene.
„Verrò."	Dirà	che verrà.	Diceva	che sarebbe venuto.
„Lo farei (se potessi)."		che lo farebbe.		che l'avrebbe fatto.

- Wenn die Zeit des Hauptsatzes *Presente, Futuro* oder ein *Passato prossimo* ist, das sich auf die Gegenwart bezieht, bleiben die Zeiten der indirekten Rede gleich.

- Wenn die Zeit des Hauptsatzes in der Vergangenheit steht, ändern sich die Zeiten von der direkten in die indirekte Rede wie in der obigen Tabelle. Hier eine Zusammenfassung:

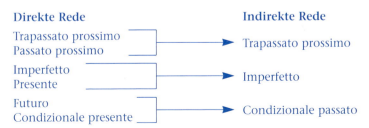

Direkte Rede　　　　　　　　　**Indirekte Rede**

Trapassato prossimo
Passato prossimo　　　　　→　Trapassato prossimo

Imperfetto
Presente　　　　　　　　　　→　Imperfetto

Futuro
Condizionale presente　　　→　Condizionale passato

Eine andere Möglichkeit der indirekten Rede: *di* + Infinitiv

Ein Infinitivsatz kann in der indirekten Rede anstelle eines *che*-Satzes verwendet werden, wenn Haupt- und Nebensatz das gleiche Subjekt haben. Also:

„Sto bene" – dice **Paolo**. → **Paolo** dice che sta bene.
→ **Paolo** dice di stare bene.

Aber:
„Laura sta bene" – dice **Paolo** → Paolo dice che **Laura** sta bene.

Die indirekte Frage

Die indirekte Frage gehört zur indirekten Rede; sie wird von Verben wie *chiedere, domandare* eingeleitet und wird durch die Konjunktion *se* oder durch Fragewörter (➔ Kap. 10) eingeleitet.

Für die indirekte Frage gelten die gleichen Regeln wie für die indirekte Rede mit einem Unterschied: Steht im Hauptsatz das Verb in einer Zeit der Vergangenheit, kann sowohl *Indicativo* als auch *Congiuntivo* folgen:

Direkte Frage	Indirekte Frage	
Che giornali hai comprato?	Mi ha chiesto che giornali avevo/ avessi comprato.	Vorzeitigkeit
Quanti anni hai?	Mi ha chiesto quanti anni ho/ avessi.	Gleichzeitigkeit
Quando farai la spesa?	Mi ha chiesto quando facevo/ avrei fatto la spesa.	Nachzeitigkeit

Der Imperativ in der indirekten Rede

Direkte Rede	Indirekte Rede	
„Va' a letto!"	Mi ha detto di andare a letto.	Er hat mir gesagt, ich soll ins Bett gehen.
„Non parlare!"	Mi ha detto di non parlare.	Er hat mir gesagt, ich soll nicht reden.

Normalerweise wird der Imperativ in der indirekten Rede durch *di* + Infinitivsatz ausgedrückt. Möglich ist aber auch – vor allem in Aufforderungen an Dritte:

– *che*-Satz im *Congiuntivo*:

Digli che vada a letto/che non parli.   Sag ihm, er soll ins Bett gehen/er soll nicht reden.

– *che*-Satz mit „*dovere*":

Digli che deve andare a letto/che non deve parlare.

13.8 Der Infinitiv

Merken Sie sich bitte, wann der Infinitiv mit und wann ohne Präposition gebraucht wird. Hier passieren den Italienischlernenden häufig Fehler.

Der Infinitiv ohne Präposition

Zuerst finden Sie die Fälle aufgelistet, in denen man im Deutschen meist den Infinitiv mit **zu** gebrauchen würde: Im Italienischen steht der Infinitiv ohne Präposition:

1. nach unpersönlichen Verben und Ausdrücken. Dazu gehören: *basta, bisogna, conviene* (es ist besser), *mi interessa, mi fa piacere, mi piace; è bene/meglio/possibile* usw.

E' interessante visitare chiese romaniche.	Es ist interessant, romanische Kirchen zu besichtigen.
E' un piacere incontrarti!	Es ist eine Freude, dich zu treffen!
Bisogna andarci.	Man muss hingehen.

2. nach *che* + Substantiv im Ausruf:

   Che bello rivederti! Wie schön, dich wieder zu sehen!

3. nach den Verben *amare, desiderare, intendere, osare, preferire*:

   Amo bere il tè d'inverno. Ich liebe es, im Winter Tee zu trinken.

Wie im Deutschen steht der Infinitiv ohne Präposition:

4. nach den Verben *dovere, potere, sapere, volere, fare, lasciare*:

   Non posso uscire, devo studiare. Ich kann nicht ausgehen, ich muss lernen.

5. nach Verben der Wahrnehmung, z. B. *vedere, sentire, guardare*:

   Guardo mio figlio dormire. Ich schaue meinem Sohn beim Schlafen zu.

Der Infinitiv steht darüber hinaus auch in den folgenden Fällen (die im Deutschen keine Entsprechung finden) ohne Präposition:

6. in emphatischen Aussagen und Fragesätzen:

   Io chiedergli scusa?! Ich soll mich entschuldigen?!

7. in indirekten Fragesätzen:

   Non so come fare. Ich weiß nicht, wie ich es tun soll.

8. in Relativsätzen zum Ausdruck einer Möglichkeit:

| Tutti hanno bisogno di qualcuno con cui parlare. | Alle brauchen jemanden, mit dem sie reden können. |

9. in Arbeitsanweisungen und Aufforderungen:

| Leggere le avvertenze prima dell'uso. | Vor der Benutzung die Gebrauchsanweisungen lesen. |

10. im verneinten Imperativ der Du-Form:

| Non litigare con tuo fratello! | Streite dich nicht mit deinem Bruder! |

Der Infinitiv mit *di*

Der Infinitiv mit *di* steht nach den Verben, die sonst ein direktes Objekt haben: Dazu gehören z. B.: *ammettere di* (zugeben); *aspettare di* (warten); *credere di* (glauben); *decidere di* (beschließen); *dichiarare di* (erklären); *dimenticare di* (vergessen); *dire di* (sagen); *evitare di* (vermeiden); *finire di* (aufhören); *giurare* (schwören); *ricordare di* (sich erinnern); *rifiutare di* (ablehnen); *smettere di* (aufhören); *sognare di* (träumen)

| Ho giurato **di** non venirci più. | Ich habe mir geschworen, nicht mehr herzukommen. |
| Mi ha detto **di** aver comprato una casa. | Er hat mir gesagt, dass er ein Haus gekauft hat. |

Außerdem kann der Infinitiv mit *di* nach folgenden Verben stehen: *dubitare di* (Bedenken haben); *accusare di* (anklagen); *pregare/chiedere/domandare di* (bitten); *consigliare di* (raten); *permettere di* (erlauben); *proporre di* (vorschlagen); *pentirsi di* (bereuen); *vergognarsi di* (sich schämen)

Der Infinitiv mit *di* steht auch nach den folgenden Ausdrücken:

– mit *avere*: *avere bisogno* (brauchen); *avere tempo* (Zeit haben); *avere voglia* (Lust haben); *avere intenzione* (die Absicht haben); *avere la possibilità* (die Möglichkeit haben); *avere paura* (Angst haben); *avere il coraggio* (den Mut haben); *avere il dovere* (die Pflicht haben); *avere il diritto* (das Recht haben)

| Ho voglia **di** andare a teatro. | Ich habe Lust, ins Theater zu gehen. |

– mit *essere*: *essere capace* (fähig sein); *essere certo/sicuro* (sicher sein); *essere contento/felice* (froh sein); *essere convinto* (überzeugt sein); *essere fiero/orgoglioso* (stolz sein); *essere libero* (frei sein); *essere stanco* (satt haben)

| Sono stanco **di** sopportare questi rumori. | Ich habe es satt, diese Geräusche zu ertragen. |

Der Infinitiv mit *a*

Der Infinitiv mit **a** steht:

1. nach Verben der Bewegung (*andare, venire* usw.) und des Bleibens (*stare/rimanere* usw.):

   Andiamo **a** mangiare. Gehen wir essen.
   Rimaniamo **a** chiacchierare. Plaudern wir noch eine Weile.

2. nach folgenden Verben:
   abituarsi (sich gewöhnen); *aiutare* (helfen); *cominciare* (anfangen); *continuare* (weitermachen); *convincere* (überzeugen); *costringere/obbligare* (zwingen); *divertirsi* (Spaß haben); *imparare* (lernen); *invitare* (auffordern); *prepararsi* (sich vorbereiten); *provare a* (versuchen); *rinunciare* (verzichten); *riuscire* (es fertig bringen)

   Sei riuscito **a** vederlo? Hast du es geschafft, ihn zu treffen?

3. nach manchen Adjektiven, wie z. B.:
   abituato (gewohnt), *adatto* (geeignet), *deciso* (entschlossen), *disposto/pronto* (bereit):

   Sei pronto **ad** affrontare tutte le difficoltà? Bist du bereit, alle Schwierigkeiten zu meistern?

4. nach *avere difficoltà* und *fare fatica*:

   Ho difficoltà/faccio fatica **a** capirlo. Ich habe Mühe, ihn zu verstehen.

Der Infinitiv mit *da*

Der Infinitiv mit **da** steht:

1. zur Angabe der Bestimmung (vor allem nach *che cosa, qualcosa, niente, molto, tanto, poco*), des Zwecks oder der Notwendigkeit:

   Ho tanto **da** fare. Ich habe viel zu tun.
   Dammi qualcosa **da** bere. Gib mir etwas zu trinken.

2. zur Angabe der Folge (*così/tanto* + Adjektiv/Adverb):

   Chi è cosi gentile **da** aiutarmi? Wer ist so nett und hilft mir?

3. nach *essere* mit passivischer Bedeutung:

   Questo progetto è ancora **da** approvare. Dieser Entwurf muss noch genehmigt werden.

Der Infinitiv nach anderen Präpositionen

Der Infinitiv steht auch nach anderen Präpositionen, wenn das Subjekt des Infinitivs und das des Hauptsatzes übereinstimmen. Die meisten dieser Ausdrücke können im Deutschen nicht durch Infinitivsätze ausgedrückt werden.

1. Zeitbegriff: *dopo* (nachdem), *prima di* (bevor), *nel* (beim/als).

2. Bedingung: *a condizione di* (unter der Bedingung, dass), *a meno di* (es sei denn, dass) *a costo di/a rischio di* (auf die Gefahr hin).

3. Zweck/Ziel: *per* (um zu), *in modo (tale) da* (so dass), *allo/con lo scopo* (mit dem Ziel).

4. Folge: *fino a/a tal punto da* (bis /so ... dass).

5. Sonstiges: *a forza/furia di* (durch zu viel;) *anziché/invece di* (anstatt); *oltre a* (außer); *con la scusa di/col pretesto di* (unter dem Vorwand); *pur di* (nur um).

Viele dieser Ausdrücke kann man auch als Konjunktionen benutzen (meist mit *che* anstatt *di*) (➔ Kap. 19).

Der Infinitiv in verkürzten Sätzen

Der Infinitiv kann stehen:

1. anstelle eines Relativsatzes:

Carlo è l'unico a saperlo.   Carlo ist der einzige, der es weiß.
E' stato Giovanni a darmelo.   Es war Giovanni, der mir das gab.

2. anstelle eines Nebensatzes mit *se*:

A pensarci, non è difficile.   Wenn man es sich recht überlegt...

3. in Verbindung mit Fragewörtern:

Dove andare?   Wohin sollen wir gehen?
Non so se farlo.   Ich weiß nicht, ob ich es tun soll.

Pronomen werden an den Infinitiv meist angehängt (➔ Kap. 6.7):

Volevo dir**glielo**.

13.9 Das Gerundium

Das Gerundium wird folgendermaßen gebildet:
– bei Verben auf *-are*: Infinitivstamm + **-ando**.
   Beispiel: *pensare: pens- + -ando* → pensando
– bei Verben auf *-ere* und *-ire*: Infinitivstamm + **-endo**.
   Beispiel: *vedere: ved- + -endo* → vedendo
                 sentire: sent- + -endo → sentendo

Das Gerundium wird benutzt, um Nebensätze zu verkürzen, wenn die Handlung gleichzeitig zum Hauptsatz verläuft. Meist hat das Gerundium das gleiche Subjekt wie der Hauptsatz. Die Funktion des Gerundiums können Sie am besten aus dem Zusammenhang ableiten:

1. Betonung der Gleichzeitigkeit

   Uscendo di casa si è ricordato di aver dimenticato la borsa. Als er das Haus verließ, erinnerte er sich daran, dass er die Tasche vergessen hatte.

2. Grund

   Essendo stanca, restò a casa. Da sie müde war, blieb sie zu Hause.

3. Art und Weise, Mittel

   Sbagliando s'impara. Durch Fehler lernt man.

4. Bedingung, Voraussetzung

   Prendendo un taxi ce la facciamo. Wenn wir ein Taxi nehmen, schaffen wir es.

5. Einräumung (mit **pur**!)

   Pur avendo tempo, non avevo voglia di vederlo. Obwohl ich Zeit hatte, hatte ich keine Lust ihn zu sehen.

6. Folge

   La tazza mi è scivolata, **rompendosi** in mille pezzi. Die Tasse ist mir entglitten und in tausend Stücke zersprungen.

Beachten Sie bitte noch Folgendes:
– Es gibt auch eine Vergangenheitsform des Gerundiums (*Gerundio Passato*): Sie besteht aus dem Gerundium des Hilfverbs und dem Partizip Perfekt des Hauptverbs.

   Avendo passato tre anni in Austria, parla bene il tedesco. Nachdem sie drei Jahre in Österreich verbracht hat, spricht sie gut Deutsch.

– Pronomen werden an das Gerundium angehängt:

   Avendola sognata la notte, arrossì. Da er nachts von ihr geträumt hatte, errötete er.

– Das Gerundium kann auch ein eigenes Subjekt haben:

   Essendosi sciolto il ghiaccio, scivolai nell'acqua. Da das Eis geschmolzen war, glitt ich ins Wasser.

Beachten Sie die folgenden Wendungen:
stare + Gerundium: Eine Handlung passiert gerade (im Moment):

A cosa stai pensando? Woran denkst du gerade?

andare + Gerundium: Ein Vorgang wiederholt sich ständig:

Va dicendo che mento. Er erzählt allen, dass ich lüge.

13.10 Das Partizip Perfekt

Das Partizip Perfekt wird gebildet, indem man an den Infinitivstamm bei den Verben auf *-are* die Endung **-ato**, bei den Verben auf *-ere* die Endung **-uto** und bei den Verben auf *-ire* die Endung **-ito** anhängt. Aber Achtung: Bei vielen Verben auf *-ere* und einigen Verben auf *-ire* ist das Partizip Perfekt unregelmäßig (➔ vgl. Kap. 14).
Das Partizip Perfekt wird gebraucht, um die zusammengesetzten Zeiten und das Passiv (➔ Kap. 13.11) zu bilden:

Ho **studiato** archeologia.   Ich habe Archäologie studiert.
Sono stati **visti** due UFO.   Drei UFOs sind gesichtet worden.

Das Partizip in Verbindung mit *essere*

In Verbindung mit *essere* übernimmt das Partizip immer die Endungen des **Subjekts**:

Carlo	è	andat**o**	a Roma.
Carla	è	andat**a**	a Roma.
Carlo e Carla	sono	andat**i**	a Roma.
Carla e Tina	sono	andat**e**	a Roma.

Vergessen Sie das auch bei den reflexiven Verben nicht. Z. B.:

Carla	si	è	lavat**a**.
Carla e Tina	si	sono	lavat**e**.

Das Partizip in Verbindung mit *avere*

In Verbindung mit *avere* bleibt das Partizip unverändert: *Ho mangiato il dolce/la pizza/gli spaghetti/le tagliatelle.*

Wenn allerdings ein **direktes Objekt in Form eines Pronomens** der 3. Person (*lo, la, li, le,* ➔ Kap. 6.2) vor dem Partizip steht, so richtet sich das Partizip in Geschlecht und Zahl nach dem direkten Objekt:

Ho mangiato il dolce.   ➔   L'ho mangiat**o**.
Ho mangiato la pizza.   ➔   L'ho mangiat**a**.
Ho mangiato le tagliatelle.   ➔   Le ho mangiat**e**.
Ho mangiato gli spaghetti.   ➔   Li ho mangiat**i**.

Bei Pronomen der 1. und 2. Person (*mi, ti, ci, vi*) ist die Übereinstimmung freiwillig:

Franca, ti ho visto/vista ieri.   Franca, ich habe dich gestern gesehen.

Das Partizip ändert sich auch, wenn **ne** (➔ Kap. 6.4) vor dem Verb steht:

Ne ho lett**i**, di libri.   Bücher habe ich viele gelesen.
Hai bevuto della birra? Ne ho bevut**a** poca.   Hast du Bier getrunken? Ich habe wenig getrunken.

13.11 Das Passiv

Das Passiv bildet man im Italienischen mit den Hilfsverben *essere* oder *venire* + Partizip Perfekt (vgl. Kap. 13.10). In den zusammengesetzten Zeiten kann das Passiv allerdings nur mit *essere* gebildet werden. Beispiele:

Il concerto é/**viene** sponsorizzato.	Das Konzert wird gesponsert.
Il concerto **sará**/**verrá** sponsorizzato.	Das Konzert wird gesponsert werden.

Aber:

Il concerto è stato sponsorizzato.	Das Konzert ist gesponsert worden.

Essere + Partizip wird häufiger benutzt, um einen Zustand auszudrücken, während die Konstruktion *venire* + Partizip meist benutzt wird, um einen Vorgang auszudrücken. Beispiel:

La porta é chiusa.	Die Tür ist zu/wird geschlossen.
La porta viene chiusa.	Die Tür wird geschlossen.

Das Partizip richtet sich in Geschlecht und Zahl immer nach dem Subjekt. Beispiele:

Alcune turiste sono state viste in città.	Einige Touristinnen sind in der Stadt gesehen worden.
Alcuni ministri sono stati visti in città.	Einige Minister sind in der Stadt gesehen worden.

Wenn die Ursache bzw. der Urheber im Passivsatz genannt wird, wird diese(r) mit der Präposition **da** angeschlossen. Beispiel:

La manifestazione é/viene sponsorizzata **da** una ditta svedese.	Die Veranstaltung wird von einer schwedischen Firma gesponsert.

Das Passiv gibt es in allen Zeitformen außer im *Trapassato remoto*.

Beachten Sie bitte: Für *müssen* + Passiv sind im Italienischen mehrere Konstruktionen möglich. Beispiel: Der deutsche Satz „Der Boden muss gewischt werden" kann folgendermaßen übersetzt werden:

1. mit **dovere + Passiv**	Il pavimento deve essere lavato.
2. mit **essere da + Infinitiv**	Il pavimento è da lavare.
3. mit **andare + Partizip**	Il pavimento va lavato.

13.12 Wiedergabe von „man" – *si*-Konstruktionen

Das deutsche „man" wird im Italienischen meist durch **si** + Verb in der 3. Person Singular wiedergegeben.

Bei Verben mit direktem Objekt (das *si passivante*)

Wenn das direkte Objekt ein Substantiv im Plural ist, steht – anders als im Deutschen – auch das Verb im Plural. Beispiel:

Objekt im Singular: In Italia si parla italiano.   In Italien spricht man Italienisch.

Objekt im Plural: In Europa si parlano   In Europa spricht man
                      molte lingue.   viele Sprachen.

Anders als im Deutschen:
Die zusammengesetzten Zeiten werden mit *essere* gebildet; dabei richten sich das Hilfsverb und das Partizip nach dem direkten Objekt.

Ultimamente ...   Letztlich ...
si è ottenuto un notevole   hat man einen beträchtlichen
  successo.   Erfolg erzielt.
si è avuta una crisi di   hat man eine Regierungskrise
  governo.   gehabt.
si sono visti ottimi risultati. hat man sehr gute Ergebnisse
                                     gesehen.
si sono analizzate le cause.   hat man die Ursachen analysiert.

– Das unpersönliche **si** steht immer unmittelbar vor dem Verb, außer in Verbindung mit **ne**. Hier wird *si* zu **se** und *ne* rückt zwischen *se* und das Verb.

  Si interessa di sport. – **Se ne** interessa.   Sie interessiert sich dafür.

Bei reflexiven Verben

Bei reflexiven Verben wird das *si* + *si* zu **ci si**.
D'estate **ci si** abbronza.   Im Sommer bräunt man sich.

In den zusammengesetzten Zeiten steht das Partizip im Plural (männlich).
Ci si è abbronzati.   Man hat sich gebräunt.

Bei Verben ohne Objekt (das *si impersonale*)

Das Verb steht hier immer im Singular.
Il sabato sera **si** esce.   Am Samstagabend geht man aus.

Das Partizip Perfekt steht im Plural, wenn das Verb auch bei persönlicher Konstruktion mit *essere* konjugiert wird:

Si è sempre uscit**i** il sabato.	Am Samstag ist man immer ausgegangen.

Ansonsten bleibt das Partizip Perfekt unverändert:

Si telefona alla mamma.	Man ruft die Mama an.
Si è telefonat**o** alla mamma.	Man hat die Mama angerufen.

Andere Möglichkeiten der Wiedergabe von „man"

„Man" kann auch ausgedrückt werden:

– durch das Pronomen *uno*:

Se **uno** sta attento, non succede niente.	Wenn man aufpasst, passiert nichts.

– durch die Du-Form:

Se **stai** attento, non ti succede niente.	Passt du auf, passiert dir nichts.

– durch die 3. Person Plural:

Dicono che valga molto.	Man sagt, es sei viel wert.

13.13 Besondere Konstruktionen mit den Verben *stare, andare* und *fare*

– *stare* + Gerundium wird benutzt, um den Verlauf einer Handlung zu beschreiben:

Che cosa fa Luigi? Mah, **starà studiando**.	Was macht Luigi? Er ist wahrscheinlich gerade dabei zu lernen.

– *stare per* + Infinitiv

Stava per addormentarsi.	Er war gerade im Begriff, einzuschlafen.

– *andare* + Partizip

Questo pesce **va fritto** nell'olio.	Dieser Fisch muss in Öl fritiert werden.

– *fare* + Infinitiv bedeutet „veranlassen":

Faccio riparare la macchina.	Ich lasse das Auto reparieren.

13.14 Die italienischen Verben und ihre Objekte

Folgende Verben – die im Deutschen ein indirektes bzw. ein präpositionales Objekt verlangen –, werden im Italienischen mit einem **direkten Objekt** konstruiert:

– *aiutare qn.* – jdm. helfen
  Lo aiuto a tagliare la legna.   Ich helfe **ihm**, das Holz zu hacken.

– *ascoltare qn./qc.* – jdm. /einer Sache zuhören
  Ho ascoltato **il canto** degli ucceli.   Ich habe **dem Gesang** der Vögel zugehört.

– *aspettare qn./qc.* – auf jdn. /etwas warten
  Le abbiamo aspettate tutta la sera.   Wir haben den ganzen Abend **auf sie** gewartet.

– *chiedere/domandare qc.* – nach etwas fragen/um etwas bitten
  Ha chiesto **quel libro** di cui gli ho parlato.   Er hat **nach dem Buch** gefragt, von dem ich ihm erzählt hatte.

– *contraddire qn.* – jdm. widersprechen
  Non contraddir**mi** sempre!   Du sollst **mir** nicht dauernd widersprechen!

– *licenziare qn.* – jdm. kündigen
  Li hanno licenziati.   **Ihnen** wurde gekündigt.

– *minacciare qn.* – jdm. drohen
  Hanno minacciato **mio padre**.   **Meinem Vater** wurde gedroht.

– *ringraziare qn.* – jdm. danken
  La ringrazio!   Ich danke **Ihnen**!

Mit **indirektem Objekt** werden im Gegensatz zum Deutschen folgende Verben konstruiert:

– *chiedere a qn./domandare a qn.* – jdn. fragen/bitten
  Le ho chiesto di andarsene.   Ich habe **sie** gebeten, wegzugehen.

– *rispondere a qc.* – etwas beantworten/auf etwas antworten
  Rispondi **alla mia lettera**.   Beantworte **meinen Brief**.

– *telefonare a qn.* – jdn. anrufen
  Telefona**gli**!   Ruf **ihn** an!

Ein Tipp: Lernen Sie ein Verb am besten immer gleich zusammen mit seinen wichtigsten Konstruktionen.

14 Sto, stai, sta – Die unregelmäßigen Verben

In den folgenden Tabellen finden Sie die wichtigsten unregelmäßigen Verben. Es sind vor allem Verben auf *-ere* und *-ire*. Unregelmäßig sind dabei fast immer das *Passato remoto* und das Partizip Perfekt, manchmal auch weitere Zeitformen. Beim *Passato remoto* der unregelmäßigen Verben kann man dennoch eine Regelmäßigkeit feststellen: Die Abweichungen von der Regel sind meist in der 1. und 3. Person Singular und in der 3. Person Plural. Z. B.:

fare → **feci**, facesti, **fece**, facemmo, faceste, **fecero**

Aus diesem Grund finden Sie hier meist die 1. Person des *Passato remoto*.

Die in den Tabellen nicht aufgeführten Formen, werden regelmäßig gebildet. Die → verweisen auf andere aufgeführte Verben, deren Konjugation identisch ist.

	Passato remoto	Perfekt	Deutsche Übersetzung und weitere besondere Formen
accadere	accadde	è accaduto	geschehen → cadere
accendere	accesi	ho acceso	anzünden
accorgersi	mi accorsi	mi sono accorto	bemerken
aggiungere	aggiunsi	ho aggiunto	hinzufügen
ammettere	ammisi	ho ammesso	zugeben
andare	andai andasti andò andammo andaste andarono	sono andato	gehen/fahren *Presente:* vado, vai, va, andiamo, andate, vanno *Congiuntivo:* vada, andiamo, andiate, vadano *Imperativ:* vai/va', vada, andate *Futuro:* andrò *Condizionale:* andrei
apparire	apparve	sono apparso	erscheinen → comparire
appartenere	appartenni	sono appartenuto	gehören → tenere
aprire	aprii	ho aperto	öffnen
assistere	assistei/ assistetti	ho assistito	teilnehmen, beistehen
assumere	assunsi	ho assunto	übernehmen
attendere	attesi	ho atteso	warten
attrarre	attrassi	ho attratto	anziehen → trarre
avere	ebbi	ho avuto	haben → Kap. 12.5
avvenire	avvenne	è avvenuto	passieren → venire

bere	bevvi	ho bevuto	trinken *Futuro:* berrò *Condizionale:* berrei Sonstige Formen von „bevere" abgeleitet, z. B. *Presente:* bevo, bevi, beve...
cadere	caddi	sono caduto	fallen *Futuro:* cadrò *Condizionale:* cadrei
chiedere	chiesi	ho chiesto	fragen
chiudere	chiusi	ho chiuso	schließen
cogliere	colsi	ho colto	ergreifen *Presente:* colgo, cogli, coglie, cogliamo, cogliete, colgono *Congiuntivo:* colga, cogliamo, cogliate, colgano *Imperativ:* cogli, colga, cogliete
commuovere	commossi	ho commosso	rühren → muovere
comparire	comparvi/ comparii	sono comparso	erscheinen *Presente:* compaio, compari, compare, compariamo, comparite, compaiono *Congiuntivo:* compaia, compaiano
compiere	compii	ho compiuto	durchführen, erfüllen *Presente:* compio, compi, compie, compiamo, compite, compiono *Congiuntivo:* compia
comporre	composi	ho composto	zusammensetzen → porre
comprendere	compresi	ho compreso	begreifen → prendere
concedere	concessi	ho concesso	gewähren
concludere	conclusi	ho concluso	abschließen, beenden
condurre	condussi	ho condotto	führen → tradurre
conoscere	conobbi	ho conosciuto	kennen
contenere	contenne	ho contenuto	enthalten → tenere
contraddire	contraddissi	ho contraddetto	widersprechen → dire
convincere	convinsi	ho convinto	überzeugen
correggere	corressi	ho corretto	korrigieren
correre	corsi	ho/sono corso	rennen

costringere	costrinsi	ho costretto	zwingen
crescere	crebbi	sono cresciuto	wachsen
cuocere	cossi	ho cotto	kochen
dare	detti/diedi desti dette/diede demmo deste dettero/ diedero	ho dato	geben *Presente:* do, dai, dà, diamo, date, danno *Congiuntivo:* dia, diamo, diate, diano *Imperativ:* dai/da', dia, date *Futuro:* darò *Condizionale:* darei *Congiuntivo imperfetto:* dessi
decidere	decisi	ho deciso	entscheiden
descrivere	descrissi	ho descritto	beschreiben
difendere	difesi	ho difeso	verteidigen
dipendere	dipesi	ho dipeso	abhängen
dipingere	dipinsi	ho dipinto	malen
dire	dissi dicesti disse dicemmo diceste dissero	ho detto	sagen *Presente:* dico, dici, dice, diciamo, dite, dicono *Congiuntivo:* dica, diciamo, diciate, dicano *Imperativ:* di', dica, dite *Futuro:* dirò *Condizionale:* direi Sonstige Formen von „dicere" abgeleitet, z. B. dicevo, dicendo...
discutere	discussi	ho discusso	diskutieren
dispiacere	dispiacque	è dispiaciuto	Leid tun → piacere
distinguere	distinsi	ho distinto	unterscheiden
distruggere	distrussi	ho distrutto	zerstören
divenire	divenni	sono divenuto	werden → venire
dividere	divisi	ho diviso	teilen
dovere	dovetti	ho dovuto	müssen/sollen *Presente:* devo, devi, deve, dobbiamo, dovete, devono *Congiuntivo:* debba/ deva, dobbiamo, dobbiate, debbano/devano *Futuro:* dovrò *Condizionale:* dovrei

87

eleggere	elessi	ho eletto	wählen → leggere
escludere	esclusi	ho escluso	ausschließen
esistere	esistei/ esistetti	sono esistito	existieren
esplodere	esplosi	ho esploso	explodieren
esprimere	espressi	ho espresso	ausdrücken
esporre	esposi	ho esposto	ausstellen → porre
essere	fui	sono stato	sein → Kap. 12.5
fare	feci facesti fece facemmo faceste fecero	ho fatto	machen/tun *Presente:* faccio, fai, fa, facciamo, fate, fanno *Congiuntivo:* faccia, facciamo, facciate, facciano *Imperativ:* fai/fa', faccia, fate *Futuro:* farò *Condizionale:* farei Sonstige Formen von „facere" abgeleitet, z. B. facevo, facendo...
fingere	finsi	ho finto	vortäuschen
giungere	giunsi	sono giunto	ankommen
imporre	imposi	ho imposto	auferlegen → porre
insistere	insistetti/ insistei	ho insistito	bestehen
intendere	intesi	ho inteso	beabsichtigen/meinen
interrompere	interruppi	ho interrotto	unterbrechen
introdurre	introdussi	ho introdotto	einführen → tradurre
iscrivere	iscrissi	ho iscritto	einschreiben
leggere	lessi	ho letto	lesen
mantenere	mantenni	ho mantenuto	unterhalten → tenere
mettere	misi	ho messo	setzen/legen/stellen
mordere	morsi	ho morso	beißen
morire	morii	sono morto	sterben *Presente:* muoio, muori, muore, moriamo, morite, muoiono *Congiuntivo:* muoia, moriamo, moriate, muoiano

muovere	mossi	ho mosso	bewegen *Presente:* muovo, muovi, muove, m(u)oviamo, m(u)ovete, muovono *Congiuntivo:* muova, m(u)oviamo, m(u)oviate, muovano
nascere nascondere offendere offrire ottenere parere perdere permettere	nacque nascosi offesi offrii ottenni parve persi permisi	sono nato ho nascosto ho offeso ho offerto ho ottenuto è parso ho perso ho permesso	geboren werden verstecken beleidigen anbieten erreichen scheinen → tenere verlieren erlauben
piacere	piacque	è piaciuto	gefallen *Presente:* piaccio, piaci, piace, piacciamo, piacete, piacciono *Congiuntivo:* piaccia, piacciamo, piacciate, piacciano
piangere piovere porgere **porre**	piansi piovve porsi posi ponesti pose ponemmo poneste posero	ho pianto è/ha piovuto ho porto ho posto	weinen regnen reichen/bieten setzen/stellen/legen *Presente:* pongo, poni, pone, poniamo, ponete, pongono *Congiuntivo:* ponga, poniamo, poniate, pongano *Imperativo:* poni, ponga, ponete *Futuro:* porrò *Condizionale:* porrei *Imperfetto:* ponevo *Gerundio:* ponendo
potere	potei potesti poté potemmo poteste poterono	ho potuto	können/dürfen *Presente:* posso, puoi, può, possiamo, potete, possono *Congiuntivo:* possa, possiamo, possiate, possano *Futuro:* potrò *Condizionale:* potrei

prendere	presi	ho preso	nehmen
prescrivere	prescrissi	ho prescritto	vorschreiben
pretendere	pretesi	ho preteso	verlangen
promettere	promisi	ho promesso	versprechen
produrre	produssi	ho prodotto	produzieren → tradurre
proporre	proposi	ho proposto	vorschlagen → porre
proteggere	protessi	ho protetto	schützen
pungere	punsi	ho punto	stechen
raccogliere	raccolsi	ho raccolto	sammeln → cogliere
reggere	ressi	ho retto	halten
rendere	resi	ho reso	zurückgeben
resistere	resistei/ resistetti	ho resistito	widerstehen
respingere	respinsi	ho respinto	abweisen
riconoscere	riconobbi	ho riconosciuto	erkennen
ridere	risi	ho riso	lachen
ridurre	ridussi	ho ridotto	reduzieren → tradurre
riempire	riempii	ho riempito	füllen *Presente:* riempio, riempi, riempie, riempiamo, riempite, riempiono *Congiuntivo:* riempa, riempiamo, riempiate, riempano *Imperativo:* riempi, riempa, riempite
rimanere	rimasi	sono rimasto	bleiben *Presente:* rimango, rimani, rimane, rimaniamo, rimanete, rimangono *Congiuntivo:* rimanga, rimaniamo, rimaniate, rimangano *Imperativo:* rimani, rimanga, rimanete *Futuro:* rimarrò *Condizionale:* rimarrei
rimuovere	rimossi	ho rimosso	verdrängen → muovere
risolvere	risolsi	ho risolto	lösen
rispondere	risposi	ho risposto	antworten
ritenere	ritenni	ho ritenuto	halten → tenere
riuscire	riuscii	sono riuscito	gelingen → uscire
rivolgersi	mi rivolsi	mi sono rivolto	sich wenden
rompere	ruppi	ho rotto	kaputtmachen

salire	salii	sono salito	(ein)steigen *Presente:* salgo, sali, sale, saliamo, salite, salgono *Congiuntivo:* salga, saliamo, saliate, salgano *Imperativo:* sali, salga, salite
sapere	seppi sapesti seppe sapemmo sapeste seppero	ho saputo	wissen *Presente:* so, sai, sa, sappiamo, sapete, sanno *Congiuntivo:* sappia, sappiamo, sappiate, sappiano *Imperativo:* sappi, sappia, sapete *Futuro:* saprò *Condizionale:* saprei
scegliere	scelsi scegliesti scelse scegliemmo sceglieste scelsero	ho scelto	wählen *Presente:* scelgo, scegli, sceglie, scegliamo, scegliete, scelgono *Congiuntivo:* scelga, scegliamo, scegliate, scelgano *Imperativo:* scegli, scelga, scegliete
scendere	scesi	sono sceso	aussteigen, hinuntersteigen
sciogliere	sciolsi	ho sciolto	lösen *Presente:* sciolgo, sciogli, scioglie, sciogliamo, sciogliete, sciolgono *Congiuntivo:* sciolga, sciogliamo, sciogliate, sciolgano *Imperativo:* sciogli, sciolga, sciogliete
scommettere scoprire scorgere scrivere	scommisi scoprii scorsi scrissi	ho scommesso ho scoperto ho scorto ho scritto	wetten entdecken erblicken schreiben

sedersi	mi sedei/ sedetti	mi sono seduto	sich setzen *Presente:* mi siedo, ti siedi, si siede, ci sediamo, vi sedete, si siedono *Congiuntivo:* mi/ti/si sieda, ci sediamo, vi sediate, si siedano *Imperativo:* siediti, si sieda, sedetevi *Futuro:* mi siederò *Condizionale:* mi siederei
smettere	smisi	ho smesso	aufhören
soddisfare	soddisfeci	ho soddisfatto	befriedigen *Imperfetto:* soddisfacevo, soddisfacevi, soddisfaceva, soddisfacevamo, soddisfacevate, soddisfacevano *Gerundio:* soddisfacendo
soffrire sorprendere sorridere	soffrii sorpresi sorrisi	ho sofferto ho sorpreso ho sorriso	leiden überraschen lächeln
spegnere	spensi	ho spento	löschen/ausmachen *Presente:* spengo, spegni, spegne, spegniamo, spegnete, spengono *Congiuntivo:* spenga, spegniamo, spegniate, spengano *Imperativo:* spegni, spenga, spegnete
spendere spingere	spesi spinsi	ho speso ho spinto	ausgeben schieben
stare	stetti stesti stette stemmo steste stettero	sono stato	sich befinden *Presente:* sto, stai, sta, stiamo, state, stanno *Congiuntivo:* stia, stiamo, stiate, stiano *Imperativo:* stai/sta', stia, state *Futuro:* starò *Condizionale:* starei *Imperfetto:* stavo *Cong. imperfetto:* stessi

stringere	strinsi	ho stretto	drücken/festhalten
succedere	successe	è successo	passieren
supporre	supposi	ho supposto	vermuten → porre
tacere	tacqui	ho taciuto	schweigen *Presente:* taccio, taci, tace, tacciamo, tacete, tacciono *Congiuntivo:* taccia, tacciamo, tacciate, tacciano *Imperativo:* taci, taccia, tacete
tenere	tenni	ho tenuto	halten *Presente:* tengo, tieni, tiene, teniamo, tenete, tengono *Congiuntivo:* tenga, teniamo, teniate, tengano *Imperativo:* tieni, tenga, tenete *Futuro:* terrò *Condizionale:* terrei
togliere	tolsi	ho tolto	wegnehmen *Presente:* tolgo, togli, toglie, togliamo, togliete, tolgono *Congiuntivo:* tolga, togliamo, togliate, tolgano *Imperativo:* togli, tolga, togliete
tradurre	tradussi traducesti tradusse traducemmo traduceste tradussero	ho tradotto	übersetzen *Presente:* traduco, traduci, traduce, traduciamo, traducete, traducono *Congiuntivo:* traduca, traduciamo, traduciate, traducano *Imperativo:* traduci, traduca, traducete *Futuro:* tradurrò *Condizionale:* tradurrei Sonstige Formen werden von „ducere" abgeleitet, z. B. traducevo, traducendo

trarre	trassi traesti trasse traemmo traeste trassero	ho tratto	ziehen *Presente:* traggo, trai, trae, traiamo, traete, traggono *Congiuntivo:* tragga, traiamo, traiate, traggano *Imperativo:* trai, tragga, traete *Futuro:* trarrò *Condizionale:* trarrei *Imperfetto:* traevo
trascorrere uccidere	trascorsi uccisi	ho trascorso ho ucciso	verbringen töten
uscire	uscii	sono uscito	ausgehen *Presente:* esco, esci, esce, usciamo, uscite, escono *Congiuntivo:* esca, usciamo, usciate, escano *Imperativo:* esci, esca, uscite
valere	valsi	è valso	gelten *Presente:* valgo, vali, vale, valiamo, valete, valgono *Congiuntivo:* valga, valiamo, valiate, valgano *Futuro:* varrò *Condizionale:* varrei
vedere	vidi	ho visto	sehen *Futuro:* vedrò *Condizionale:* vedrei
venire	venni	sono venuto	kommen *Presente:* vengo, vieni, viene, veniamo, venite, vengono *Congiuntivo:* venga, veniamo, veniate, vengano *Imperativo:* vieni, venga, venite *Futuro:* verrò *Condizionale:* verrei
vincere vivere	vinsi vissi	ho vinto ho/sono vissuto	gewinnen/siegen leben *Futuro:* vivrò *Condizionale:* vivrei

volere	volli	ho voluto	wollen *Presente:* voglio, vuoi, vuole, vogliamo, volete, vogliono *Congiuntivo:* voglia, vogliamo, vogliate, vogliano *Futuro:* vorrò *Condizionale:* vorrei
volgere	volsi	ho volto	wenden

15 *Precipitevolissimevolmente* – Das Adverb

15.1 Adverbien mit eigener Form

Eine sehr große Gruppe von Adverbien sind die ursprünglichen Adverbien, die von keinem anderen Wort abgeleitet sind. Hier einige Beispiele:
volentieri (gern); *abbastanza* (ziemlich); *soltanto* (lediglich); *anche* (auch); *quasi* (fast); *qui* (hier); *là* (dort); *adesso* (jetzt); *allora* (damals); *oggi* (heute); *ieri* (gestern); *purtroppo* (leider); *spesso* (oft); *forse* (vielleicht) usw.

15.2 Von Adjektiven abgeleitete Adverbien

Die meisten Adverbien sind von Adjektiven abgeleitet und werden durch Anhängen der Endung *-mente* gebildet:

– weibliche Form der Adjektive auf -o/-a + *-mente* oder

  stupida → stupidamente   dumm

– Adjektive auf -e + *-mente*:

  semplice → semplicemente   einfach

Adjektive auf *-le, -re* verlieren das e:

probabile → probabilmente   wahrscheinlich

15.3 Steigerung der Adverbien

Zahlreiche Adverbien haben wie Adjektive einen Komparativ und einen Superlativ. Hier eine Übersicht:

Regelmäßige Steigerungsformen			
	Komparativ	relativer Superlativ	absoluter Superlativ
tardi spät	**più** tardi später	**più** tardi di tutti am spätesten	tard**issimo** sehr spät
semplice-mente einfach	**più** semplice-mente einfacher	**più** semplice-mente di tutti am einfachsten	semplic**issimamente*** **molto** semplicemente sehr einfach

* der Superlativ der Adverbien auf -*mente* wird folgendermaßen gebildet: Adjektivstamm + Endung -*issimamente!*
Allerdings wird meist die Lösung *molto* + Adverb bevorzugt.

Unregelmäßige Steigerungsformen			
bene gut	meglio besser	meglio di tutti am besten	ottimamente/benissimo sehr gut
male schlecht	peggio schlechter	peggio di tutti am schlechtesten	pessimamente/malissimo sehr schlecht
molto viel/sehr	più mehr	più di tutti am meisten	moltissimo sehr viel
poco wenig	meno weniger	meno di tutti am wenigsten	pochissimo sehr wenig

15.4 Stellung der Adverbien

1. Adverbien, die den **Verbinhalt** näher beschreiben (wie die Adverbien der Art und Weise und der Menge), stehen immer hinter dem Hauptverb:

	va		fährt langsam.
Carlo	è andato	**piano**.	ist langsam gefahren.
	vuole andare		will langsam fahren.

2. Die unbestimmten Zeitadverbien *già, quasi* und *sempre* stehen meist zwischen Hilfsverb und Partizip:

Hai **già/quasi** letto il giornale?   Hast du die Zeitung schon/fast gelesen?

3. *Anche* steht vor dem Wort, auf das es sich bezieht:

Ci andiamo **anche noi**.   Wir gehen auch hin.

4. Zeit- und Ortsadverbien können überall im Satz stehen außer zwischen Hilfsverb und Verb (anders als im Deutschen!):

Ieri ho visto la partita./
Ho visto la partita, **ieri**./
Ho visto **ieri** la partita.
   Ich habe gestern das Fußballspiel angeschaut.

5. Die Stellung von Adverbien, die sich auf den gesamten Satzinhalt beziehen, ist frei:

Purtroppo lo spettacolo è esaurito./

Lo spettacolo **purtroppo** è esaurito./
Lo spettacolo è **purtroppo** esaurito./
Lo spettacolo è esaurito, **purtroppo**.

Die Vorstellung ist leider ausverkauft.

16 *Meglio un uovo oggi che una gallina domani* – Der Komparativ

Zu den Steigerungsformen des Adjektivs ➔ Kap. 4.6
Zu den Steigerungsformen des Adverbs ➔ Kap. 15.4

Wiedergabe von als

1. Mit *di*: Steht vor *als* der Komparativ eines Adjektivs und folgt darauf ein Substantiv oder ein Pronomen, wird es durch *di* wiedergegeben:

La seta è più costosa **del** cotone.
Seide ist teurer als Baumwolle.

Sono meno puntuale **di** te.
Ich bin weniger pünktlich als du.

Auch vor Zahlen wird **di** verwendet:

Voglio più **di** due figli.
Ich will mehr als zwei Kinder.

2. Mit *che*: Werden zwei Substantive, zwei Adjektive, zwei Adverbien, zwei Verben im Infinitiv oder zwei präpositionale Fügungen verglichen, wird *che* verwendet:

C'erano più uomini **che** donne.
Es waren mehr Männer als Frauen da.

Questo corso è più stancante **che** appassionante.
Dieser Kurs ist eher anstrengend als begeisternd.

Preferisco sedere fuori **che** dentro.
Ich sitze lieber draußen als drinnen.

E' più importante vivere **che** lavorare.
Es ist wichtiger zu leben als zu arbeiten.

In Italia ci sono più insegnanti **che** (non) in Germania.
In Italien gibt es mehr Lehrer als in Deutschland.

3. Wenn auf *als* ein Nebensatz folgt, wird *di quanto, di quello/quel che* oder seltener *che* benutzt. Das Verb ist dabei im Indikativ oder im Konjunktiv – wenn ein *non* verstärkend hinzukommt, ist der Konjunktiv obligatorisch:

E' stato più bello **di quanto** credevo/(non) credessi.
Es ist schöner gewesen, als ich dachte.

| Il libro mi sembra più interessante **di quel che** pensavo/pensassi. | Das Buch scheint mir interessanter, als ich glaubte. |

Wiedergabe von (eben)so ... wie

(Eben)so...wie wird im Italienischen durch *(tanto)...quanto* oder durch *(così)...come* wiedergegeben. *Tanto* und *così* werden im heutigen Sprachgebrauch meist weggelassen, wenn zwei Substantive in Bezug auf ein Adjektiv verglichen werden:

| Roma è (tanto) verde quanto Stoccarda. | Rom ist so grün wie Stuttgart. |
| Paola è (così) simpatica come Carla. | Paola ist so sympathisch wie Carla. |

Wenn aber zwei Adjektive oder zwei Verben verglichen werden, müssen *tanto* und *così* verwendet werden:

| E' un uomo tanto buono quanto bello. | Es ist ein ebenso guter wie schöner Mann. |
| Adoro dormire al sole così come fare il bagno in mare. | Ich liebe es genauso in der Sonne zu schlafen, wie im Meer zu baden. |

17 *Ma tu non studi mai?* – Die Verneinung

17.1 Einfache Verneinung: *non – no*

Die Verneinung *nicht* wird durch *non* ausgedrückt. *Non* steht immer vor dem konjugierten Verb; wenn an dieser Stelle bereits ein Pronomen steht, wird **non** unmittelbar vor das Pronomen gesetzt.

| **Non** sei andato al cinema? | Bist du nicht ins Kino gegangen? |
| **Non** mi piace. | Es gefällt mir nicht. |

Non entspricht auch meist dem deutschen *kein*, wenn es nicht direkt beim Subjekt steht:

| **Non** ho paura. | Ich habe *keine* Angst. |
| **Non** sono un'esperta. | Ich bin *keine* Expertin. |

Wenn aber *kein* direkt mit dem Subjekt verbunden ist, wird es durch **nessuno** ausgedrückt; wenn *kein* vor einem Substantiv in einem Satz ohne Verb auftritt, wird es durch **niente** ausgedrückt:

| **Nessun** italiano berrebbe il cappuccino dopo mangiato. | *Kein* Italiener würde nach dem Essen einen Cappuccino trinken. |

Niente paura!   *Keine* Angst!

Die Verneinung mit *no* steht in Satzteilen ohne Verb:

Siete d'accordo?	Seid ihr einverstanden?
No (, non siamo d'accordo).	Nein (, wir sind nicht einverstanden).
Hai fatto i compiti?	Hast du die Hausaufgaben gemacht?
Io **no**, e tu?	Ich nicht, und du?
Perché **no**?	Warum nicht?
Lo vuoi o **no**?	Willst du es oder nicht?

Nach Verben des Denkens und des Sagens wie *pensare, credere, dire, sperare, temere* folgt *di no*:

E' straniera?	Ist sie Ausländerin?
Credo **di no**.	Ich glaube nicht.

17.2 Mehrteilige Verneinung

Stehen folgende Ausdrücke nach dem Verb, so muss vor dem konjugierten Verb *non* stehen:

niente/ nulla (nichts)	**Non** mangiamo **niente**.	Wir essen nichts.
	Non abbiamo mangiato **niente**.	Wir haben nichts gegessen.
nessuno (niemand)	**Non** viene **nessuno**.	Es kommt niemand.
	Non è venuto **nessuno**.	Es ist niemand gekommen.
mai (niemals/jemals)	**Non** saluta **mai**.	Er grüßt nie.
	Non ha **mai** salutato.	Er hat nie gegrüßt.
più (nicht mehr)	**Non** nevica **più**.	Es schneit nicht mehr.
	Non ha **più** nevicato.	Es hat nicht mehr geschneit.
ancora (noch nicht, immer noch nicht)	**Non** parla **ancora**.	Er redet noch nicht.
nemmeno, **neanche**, **neppure** (auch nicht, nicht einmal)	**Non** l'ho visto **nemmeno** io.	Ich habe es auch nicht gesehen.
mica (keineswegs, gar nicht) [umgangsprachlich!]	**Non** è **mica** facile.	Es ist gar nicht so einfach.
affatto (ganz und gar nicht)	**Non** sono **affatto** stanco.	Ich bin ganz und gar nicht müde.
(**né**)...**né** (weder noch)	**Non** beve **né** vino **né** birra.	Er trinkt weder Wein noch Bier.

Stehen *niente/nulla, nessuno, mai, nemmeno/neppure/neanche, mica, né...né* betont am Satzanfang, entfällt *non:*

A quest'ora **non** viene **nessuno**.   Um diese Zeit kommt niemand.
Nessuno viene a quest'ora.   Niemand kommt um diese Zeit.

Im Gegensatz zum Deutschen:
– *Nie etwas = mai niente* (eigentl. „nie nichts"):
   Non ha **mai** comprato **niente**.   Sie hat nie etwas gekauft.

– *Niemandem etwas = niente a nessuno* (eigentl. „niemandem nichts"):
   Non regala **niente** a **nessuno**.   Er schenkt niemandem etwas.

Beachten Sie folgende Wendung:
Non + Verb + *che* = zur Einschränkung gebraucht in der Bedeutung *nur* !

Non ho **che** te. = Ho solo te.   Ich habe nur dich.

18 *Dagli Appennini alle Ande –*
Die Präpositionen

Der Gebrauch der italienischen Präpositionen ist nicht ganz einfach. Es gibt Präpositionen, die mehrere verschiedene Bedeutungen haben und manchmal überschneiden sich die Bedeutungen der Präpositionen. Wie Sie die Präpositionen anwenden, lernen Sie deshalb am besten durch den aktiven Umgang mit der Sprache. Im Folgenden werden die wichtigsten Präpositionen und ihre unterschiedlichen Bedeutungen vorgestellt.

Die Präposition **a**:
– Räumlich: *a Milano* – in/nach Mailand; *a casa* – zu/nach Hause; *al mare* – am/ans Meer; *alla Klett* – bei Klett
– Zeitlich: *alle due* – um zwei Uhr; *A presto/domani!* – Bis bald/morgen!; *a Natale* – an Weihnachten
– Sonstiges: *a mio marito* – meinem Mann; *a fette* – in Scheiben; *a tre anni* – mit drei Jahren; *due volte al mese* – zweimal im Monat

Die Präposition **da**:
– Räumlich: *Vengo da casa.* – Ich komme von zu Hause.
   Va' da lei! – Geh zu ihr!
– Zeitlich: *da oggi* – ab heute; *da ieri* – seit gestern

- Sonstiges: *Cesare fu ucciso da Bruto.* – Caesar wurde von Brutus getötet.; *un ragazzo dai capelli biondi* – ein Junge mit blonden Haaren; *Muoio di sete.* – Ich sterbe vor Durst.; *Ho molto da studiare.* – Ich habe viel zu lernen.

Die Präposition **di**:
- Räumlich: *Sono di Roma.* – Ich bin aus Rom.
- Zeitlich: *di mattina* – morgens; *di giovedì* – am Donnerstag; *d'inverno* – im Winter
- Sonstiges: *la moto di Pino* – Pinos Motorrad; *un piatto di vetro* – ein Teller aus Glas; *piangere di dolore* – vor Schmerz weinen; *un chilo di pane* – ein Kilo Brot; *più bello di lui* – schöner als er; *una donna di talento* – eine talentierte Frau; *un bimbo di tre mesi* – ein drei Monate altes Kind

Die Präposition **in**:
- Räumlich: *Sono/vado in Italia.* – Ich bin/Ich fahre nach Italien.
- Zeitlich: *in giugno* – im Juni; *Ho mangiato in mezz'ora.* – Ich habe in einer halben Stunde gegessen.
- Sonstiges: *andare in macchina* – mit dem Auto fahren; *un gioiello in oro* – ein Goldschmuck

Die Präposition **per**:
- Räumlich: *Alle tre parto per Bonn.* – Um drei fahre ich nach Bonn ab.; *cadere per le scale* – die Treppe hinunterfallen; *viaggiare per l'Europa* – durch Europa reisen
- Zeitlich: *per un'ora* – eine Stunde lang
- Sonstiges: *per amore* – aus Liebe; *per posta* – mit der Post; *per affari* – geschäftlich

In der folgenden Tabelle finden Sie eine Übersicht über einige weitere Präpositionen und sogenannte präpositionale Ausdrücke. Präpositionale Ausdrücke bestehen aus mehreren Wörtern und enden mit einer Präposition. Wo im Deutschen eine Präposition steht, wird im Italienischen oft ein präpositionaler Ausdruck verwendet (z. B. wegen – *a causa di*).

a causa di wegen	a causa del tempo a causa tua	wegen des Wetters wegen dir
accanto a neben	accanto alla posta accanto alle richieste	neben der Post neben den Ansprüchen
a destra/sinistra di rechts/links von	a destra della casa a sinistra dei socialisti	rechts vom Haus links von den Sozialisten
a favore di zugunsten von	a favore delle donne	zugunsten der Frauen

a fianco di neben, nahe	a fianco di Luigi a fianco dei bisognosi	neben Luigi den Bedürftigen nahe
a forza di durch	a forza di preghiere A forza di parlare si diventa rochi.	durch Gebete Durch Reden wird man heiser.
al di qua di/ al di là di diesseits/jenseits	al di qua del Reno al di là delle nostre possibilitá	diesseits des Rheins jenseits unserer Möglichkeiten
al di sopra/sotto di oberhalb/unterhalb von	al di sopra del paese al di sotto del paese	oberhalb des Dorfes unterhalb des Dorfes
all'esterno/ interno di außerhalb/innerhalb	all'esterno dell'edificio all'interno della maggioranza	außerhalb des Gebäudes innerhalb der Mehrheit
al posto di anstelle von	al posto delle parole i fatti	Taten anstelle von Reden
a partire da ab	a partire da aprile	ab April
a scapito di zu Lasten von	a scapito della salute	zu Lasten der Gesundheit
a seconda di (je) nach, gemäß	a seconda dell'età	je nach Alter
attraverso durch	attraverso il parco attraverso i secoli attraverso di me	durch den Park durch die Jahrhunderte durch mich
con mit	con te con il treno Con questo pioggia resto in casa.	mit dir mit dem Zug Bei diesem Regen bleibe ich zu Hause.
contro gegen	contro il muro contro il fascismo	gegen die Mauer gegen den Faschismus
davanti a vor	davanti alla chiesa davanti a Dio	vor der Kirche vor Gott
dentro (a) in	dentro (al)la scatola	in der Schachtel

dietro (a) hinter	dietro (al)la casa dietro queste parole	hinter dem Haus hinter diesen Worten
di fronte a gegenüber/ angesichts von	di fronte al supermercato di fronte a questa realtá	gegenüber dem Supermarkt angesichts dieser Wirklichkeit
dopo nach	la prima via dopo il bar dopo le sette	die erste Straße nach der Bar nach sieben Uhr
durante während	durante la guerra	während des Krieges
eccetto außer	tutti eccetto me	alle außer mir
entro innerhalb von	entro una settimana Deve essere pronto entro stasera.	innerhalb einer Woche Bis heute Abend muss es fertig sein.
escluso außer	lui escluso	außer ihm
fa vor	due anni fa	vor zwei Jahren
fino a bis	fino a Milano fino a domani	bis (nach) Mailand bis morgen
(fin) da seit	(fin) dall'antichità dal 1922	seit der Antike seit 1922
fra/tra zwischen/unter, in	fra le case tra l'una e le due Arrivo tra una settimana.	zwischen den Häusern zwischen eins und zwei Ich komme in einer Woche an.
fuorché außer	tutti fuorché noi	alle außer uns
fuori (di/da) außerhalb, heraus	fuori d'Italia fuori dalla scatola	außerhalb Italiens aus der Schachtel heraus
grazie a dank	grazie ai tuoi consigli	dank deiner Ratschläge

in base a aufgrund	in base alle affermazioni	aufgrund der Behauptungen
in fondo a im Grunde	in fondo alla strada in fondo al suo cuore	am Ende der Straße im Grunde seines Herzens
in merito a bezüglich/ in Bezug auf	in merito al nostro colloquio	bezüglich unseres Gesprächs
in mezzo a mitten	in mezzo al bosco in mezzo agli amici	mitten im Wald mitten unter Freunden
intorno a um … herum	intorno al tavolo intorno al '400	um den Tisch um das fünfzehnte Jahrhundert
in seguito a infolge	in seguito a un incidente	infolge eines Unfalls
invece di anstatt	questo invece di quello	dieser anstatt jener
lontano da (weit) entfernt von	lontano da Pisa lontano dalla verità	weit entfernt von Pisa fern der Wahrheit
lungo entlang	lungo il fiume	den Fluss entlang
malgrado trotz	malgrado tutto	trotz allem
mediante mittels	mediante il tuo aiuto	durch deine Hilfe
meno außer	tutti meno uno	alle außer einem
nonostante trotz	nonostante il prezzo	trotz des Preises
oltre (a) jenseits, über, mehr als, außer	oltre il Reno oltre un'ora oltre le quattro oltre a me	jenseits des Rheins über eine Stunde nach vier Uhr außer mir

per mezzo di durch, mit Hilfe von	per mezzo del lavoro	durch die Arbeit
presso nahe, bei	presso una famiglia	bei einer Familie
prima (di) vor	prima della banca prima delle otto	vor der Bank vor acht

**riguardo a/
  rispetto a**
hinsichtlich
	riguardo a quella
	  questione
		hinsichtlich jener Frage

salvo außer, abgesehen von	salvo tre	außer drei
senza ohne	senza di noi senza paura	ohne uns ohne Angst
sopra über	sopra il tavolo	über dem Tisch
sotto unter(halb) von, unter	sotto il tavolo sotto le vacanze	unter dem Tisch in der Ferienzeit
su auf, um, über	sul tavolo sui quaranta grammi un libro su Goethe	auf dem Tisch um die vierzig Gramm ein Buch über Goethe

tramite
durch, mittels
	tramite un mio
	  conoscente
		durch einen Bekannten
		  von mir

tranne außer	tutti tranne loro due	alle außer den beiden

verso
in Richtung von,
  gegen
	Andiamo verso Sud.
	
	verso le sei
	verso una meta
		Wir fahren Richtung
		  Süden.
		gegen sechs Uhr
		auf ein Ziel hin

vicino a
nahe, in der Nähe
  von
	vicino al centro
	
	molto vicino alle
	  mie idee
		in der Nähe des Zentrums
		meiner Meinung sehr
		  nahe

19 *Penso, dunque sono* – Die Konjunktionen

Mit Konjunktionen kann man Sätze und Satzglieder verbinden. Es gibt nebenordnende Konjunktionen, die gleichrangige Sätze und Satzglieder verbinden, und unterordnende Konjunktionen, die Nebensätze einleiten.

19.1 Nebenordnende Konjunktionen

Aneinanderreihung

Paolo **e** Francesca si amavano.	und
Tu **ed** io ci andiamo.	
E' bravo in tutto, **anche** in latino.	auch
Ci sarà il sindaco, **nonché** l'assessore al turismo.	sowie/und auch
Non possiamo, **né** vogliamo andarci.	und auch nicht
Siamo stanchi, **e inoltre** non ci interessa.	und außerdem

Alternative

Vuoi un caffè **o/oppure** un tè?	oder

Gegensatz

Ho letto tutto, **ma/però** non ho capito niente.	aber
Non vado al mare **ma** in montagna.	sondern
Non sapeva dove andare, **tuttavia** partì.	trotzdem
Dice di no, **eppure** ne sono sicuro.	und doch
Io adoro il sole, **mentre** mio marito preferisce stare all'ombra.	während
Io adoro il sole, mio marito **invece** preferisce stare all'ombra.	dagegen, jedoch
Stamattina mi ha svegliato, **anzi** mi ha buttato giù dal letto.	sogar

Folge

Ama **dunque/quindi** soffre.	also, folglich
Sono arrivata presto e **perciò/pertanto/per questo** ho trovato i biglietti.	deshalb
Ho visto che eri stanco, e **così/allora** ti ho lasciato dormire.	also, und so

Erklärung

Il più simpatico, **cioè/vale a dire** lui, viene con me.	das heißt
Ho preso un brutto voto, **infatti** non avevo studiato molto.	in der Tat

Wechselseitige Beziehung

C'erano **sia** Carlo **sia/che** sua moglie.	sowohl ... als auch
Mi piace **non solo** il rock **ma anche** il soul.	nicht nur ..., sondern auch
Non sopporta **né** lui **né** lei.	weder ... noch
O vieni subito **o** è finita.	entweder ... oder
Tanto mio padre **quanto** mia madre hanno i capelli castani.	(eben)so .. .wie

19.2 Unterordnende Konjunktionen

Unterordnende Konjunktionen leiten Nebensätze ein. Die unterstrichenen Konjunktionen in der folgenden Auflistung verlangen immer den *Congiuntivo*.

Grammatische Abhängigkeit

Ti ripeto **che** è così!	dass
E' importante **che** tu faccia come dico io.	
Preferisce **che** Le telefoni io?	
Il suo modo di fare rivela <u>come</u> sia un uomo discreto.	

Zum *Congiuntivo* im Nebensatz mit *che* ➔ Kap. 13.4.1.

Zeitbegriff

Quando lo vedo, glielo dico.	wenn, sobald
Stava per uscire, **quando** si è ricordato del gatto.	als
Mi addormento sempre **mentre/quando** guardo la TV.	während, wenn
Mentre camminavo, ho visto uno scoiattolo.	während, als
Ci arrabbiamo **ogni volta che** si comporta così.	jedesmal wenn
Da quando abita in centro gli manca la natura.	seitdem
Continuate pure a lavorare **fino a quando/ finché** avete finito.	solange
Lo puoi tenere **finché (non)** torno.	bis
(Non) appena/come arrivi, usciamo insieme.	sobald
Ho pulito il balcone <u>prima che</u> inizi l'inverno.	bevor

Dopo che ho fatto la doccia mio marito mi   nachdem
  prepara la colazione.

Bei Subjektgleichheit wird anstelle von *prima che/dopo che* + Nebensatz *dopo* + Infinitiv oder *prima di* + Infinitiv benutzt. Beispiel:

Faccio la doccia, e poi preparo la colazione! ➔	Ich dusche und dann mache ich das Frühstück.
Dopo aver fatto la doccia preparo la colazione.	Nachdem ich geduscht habe, mache ich das Frühstück.
Prima di preparare la colazione faccio la doccia.	Bevor ich frühstücke, dusche ich.

Grund

E' in forma **perché** fa molto sport.   weil
Siccome/poiché/dato che/visto che/dal   da
  momento che non c'eri, mi sono
  arrangiata da sola.

Zweck/Ziel

Te lo dico solo <u>**affinché/perché**</u> tu lo sappia.   damit
Non ci va <u>**per paura che**</u> lo giudichino male.   aus Angst, dass

Einräumung

Ti devi alzare presto, **anche se** preferiresti   auch wenn,
  restare a letto.   obwohl
Anche se potessi, non lo farei.   selbst wenn
Non te lo direi **neanche se** mi pregassi.   nicht einmal,
     wenn

<u>**Sebbene/benché**</u> sia famosa, è ancora insicura.   obwohl
<u>**Nonostante (che)/malgrado (che)**</u> ci conosca,   obwohl
  fa finta di non vederci.
<u>**Per quanto**</u> mi sforzi, non posso crederci.   soviel/wie auch
     immer

Bedingung

Se nevica, vado a sciare.   wenn, falls
<u>**Nel caso che/caso mai**</u> tu vada a fare la spesa,   falls
  dimmelo.
Ci incontriamo, <u>**a patto che/a condizione che**</u>   unter der
  non ci sia lei.   Bedingung, dass
Stasera usciamo, <u>**a meno che non/basta che non**</u>   nur wenn
  succeda qualcosa d'imprevisto.

Ti presento mia sorella **purché** tu la lasci in pace. nur, wenn
Ammesso che/supposto che accetti, cosa gli angenommen,
  dirai dopo? dass

Zu den Bedingungssätzen → Kap. 13.5

Folge

E' **così/talmente/tanto** contento che non so ..., dass
  trova le parole.
Dimmelo **cosicché/ in modo che/ in maniera che**
  ti possa aiutare.

Vergleich

Preferisce ascoltare musica **piuttosto che** ballare. lieber ... als
E' più giovane **di quanto** credessi/credevo. (-er) als

Art und Weise

Vivi ogni giorno **come se** fosse l'ultimo. als ob
Uscì **senza che** lo vedessi. ohne dass

20 *La pasta la voglio al dente!* – Die Wortstellung
20.1 Der Aussagesatz

Wenn der Satz ein *indirektes* Objekt enthält, steht es im Italienischen **nach** dem direkten Objekt.

	Subjekt	Verb	dir. Objekt	ind. Objekt
Italienisch	Giorgio	racconta	una favola	a suo figlio.

	Subjekt	Verb	ind. Objekt	dir. Objekt
Deutsch	Giorgio	erzählt	seinem Sohn	ein Märchen.

Ausnahme: wenn das direkte Objekt „schwer" ist, d. h. besonders lang oder betont, steht es nach dem indirekten (schwere Satzteile rücken immer in Richtung Satzende):

Giorgio racconta a suo figlio Giorgio erzählt seinem Sohn
le cose che avrebbe dovuto Dinge, die er hätte für sich
tenere per sé. behalten sollen.

109

20.2 Der Fragesatz

Wie im Deutschen, können im Italienischen Fragesätze ohne Fragewort genau die gleiche Satzstellung haben wie Aussagesätze. Damit man merkt, dass es eine Frage ist, muss der Satz nur entsprechend betont werden:

Chiara	è	giovane.	**Aussage**
Chiara	ist	jung	
Chiara	**è**	**giovane?**/	**Frage**

Aber das Subjekt des Fragesatzes kann im Italienischen auch nachgestellt werden (anders als im Deutschen):

| E' | giovane | **Chiara**? |

In Fragesätzen mit Fragewort ist die Satzstellung in den meisten Fällen: **Fragewort-Verb-Subjekt**. Die Satzstellung **Subjekt-Fragewort-Verb** ist jedoch auch möglich. Fragewort und Verb bilden auf jeden Fall eine Einheit und dürfen im Gegensatz zum Deutschen nie getrennt werden (anders als im Deutschen!):

<u>Dove ha cenato</u> Luigi? Wo hat Luigi zu Abend
Luigi <u>dove ha cenato</u>? gegessen?

20.3 Hervorhebung eines Satzteils

Vielleicht möchten Sie einmal einen Satzteil besonders betonen. Dazu bieten sich im Italienischen verschiedene Möglichkeiten.

1. Betonung des Subjekts durch **Nachstellung**

   Pino è arrivato ieri. → Ieri è arrivato **Pino**.   Pino ist gestern angekommen.

2. Betonung des direkten Objekts durch Voranstellen + Wiederaufnahme durch das entsprechende Pronomen

   Non guardo mai → **La TV** non **la** guardo   Ich sehe nie fern.
   la TV.   mai.

3. Betonung des indirekten Objekts und der präpositionalen Ergänzung durch Voranstellen (ohne – oder umgangssprachlich mit – Pronomen)

   Darò un bacio **a** → **A Paola**, (**le**) darò un   Paola werde ich
   Paola.   bacio.   einen Kuss geben.

   Parla spesso **dei suoi** → **Dei suoi amici** (**ne**)   Von seinen Freun-
   amici.   parla spesso.   den redet er oft.

| D'estate vado al → mare. | **Al mare** (**ci**) vado d'estate. | Ans Meer fahre ich im Sommer. |

4. Auch direktes Objekt und präpositionale Ergänzung können durch ein entsprechendes Pronomen und Nachstellung hervorgehoben werden:

Non voglio **la tua pietà**. →	Non **la** voglio, **la tua pietà**.	Dein Mitleid will ich nicht.
Lo dico **a Luisa**. →	**Glie**lo dico, **a Luisa**.	Ich sage es Luisa.
Non vado in Finlandia. →	Non **ci** vado, **in Finlandia**.	Nach Finnland fahre ich nicht.

5. Um Satzteile kontrastiv hervorzuheben, können sogenannte **Spaltsätze** benutzt werden. Das heißt:
essere + kontrastierter Satzteil + *che* + Satz <u>ohne</u> den kontrastierten Satzteil.

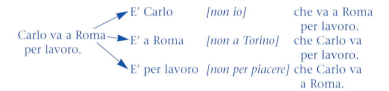

E' Carlo	*[non io]*	che va a Roma per lavoro.
E' a Roma	*[non a Torino]*	che Carlo va per lavoro.
E' per lavoro	*[non per piacere]*	che Carlo va a Roma.

Carlo va a Roma per lavoro.

Stichwortregister

a: mit bestimmtem Artikel 24; bildet den Dativ 18; beim Infinitiv 77
a causa di 101
accanto 101
a condizione che 108
Adjektiv: als Adverb 23; besondere Eigenschaften 20; Pluralbildung 19; Steigerung 23; Stellung 21; als Substantiv 23; Übereinstimmung mit dem Substantiv 19; unveränderliche A. 20
Adverb: mit eigener Form 95; von Adjektiven abgeleitet 95; in der indirekten Rede 73; Steigerung 95; Stellung 96
a favore di 101
affatto 99
affinché 108
a fianco di 102
a forza di 102
Akkusativ: Wiedergabe des deutschen A. 18
Akzent 7
alcuno/a/i/e: Indefinitpronomen 44, 46
al di là di 102
al di qua di 102
al di sopra di 102
al di sotto di 102
all'esterno di 102
all'interno di 102
allora 106
Alphabet 7
al posto di 102
alto: Steigerung 24
altrettanto/a/i/e: Indefinitpronomen 44, 46
altro/a/i/e: Indefinitpronomen 44, 47
altrui: Possessivpronomen 39
a meno che 108
ammesso che 109
anche: als Konjunktion 106; Stellung 96
anche se 108
ancora 99
anzi 106

a patto che 108
appena 107
Artikel: bestimmter A. 25; unbestimmter A. 28; Teilungsartikel 28; Verschmelzung mit Präpositionen 27
a partire da 102
a scapito di 102
a seconda di 102
attraverso 102
avere 55; Gebrauch in den zusammengesetzten Zeiten 56

basso: Steigerung 24
Bedingungssätze 66
bello: vor männlichen Substantiven 20
benché 108
bene: Steigerung 96
Betonung 7
buono: Stellung und Bedeutung 22; Steigerung 24; vor männlichen Substantiven 21

caro: Stellung und Bedeutung 22
caso mai 108
cattivo: Steigerung 24
certo: Stellung und Bedeutung 22; Indefinitpronomen 44, 46
che: Interrogativpronomen 42; im Komparativ 97; Konjunktion 107; Relativpronomen 40
che cosa: Fragepronomen 43
chi: Fragepronomen 42; Relativpronomen 41
chiunque: Indefinitpronomen 44, 45; in Nebensätzen mit Konjunktiv 67
ci: unbetontes Personalpronomen 31; Pronominaladverb 32
ciascuno/a: Indefinitpronomen 44, 45
ciò che: Relativpronomen 40
cioè 107
come: Fragewort 43; Konjunktion 107
come se 109
comunque 67

con: mit bestimmtem Artikel 27
Condizionale (Gebrauch) 64
Congiuntivo (Gebrauch) 65; in Hauptsätzen 68; in Nebensätzen 65
contro 102
cosa: Fragepronomen 43
così 106
così...che 109
cosicché 109
costui/colui: Demonstrativpronomen 37
cui: Relativpronomen 40

da: mit bestimmtem Artikel 27
dal momento che 108
da quando 107
Dativ: Wiedergabe des deutschen D. 18
dato che 108
davanti a 102
Demonstrativa 35
dentro 102
di: mit bestimmtem Artikel 27; beim Infinitiv 76; im Komparativ 97; Wiedergabe des deutschen Genitivs 18
dietro (a) 103
di fronte a 103
diverso: Indefinitpronomen 44, 47; Stellung und Bedeutung des Adjektivs 22
dopo: als Konjunktion 108; Infinitivsatz mit d. 78; als Präposition 103
dopo che 108
dove: Fragewort 43
dovere: mit welchem Hilfsverb 53; mit Pronomen 35
dunque 106
durante 103

e/ed 106
eccetto 103
egli: betontes Personalpronomen 30
ella: betontes Personalpronomen 30
entro 103
eppure 106
escluso 103

essa: betontes Personalpronomen 30
esse: betontes Personalpronomen 30
essere 54; Gebrauch in den zusammengesetzten Zeiten 56
essi: betontes Personalpronomen 30
esso: betontes Personalpronomen 30

fa 103
finché 107
(fin) da 103
fino a 103
fino a quando 107
fra/tra 103
Fragewörter 42
fuorché 103
fuori 103
Futuro (Gebrauch) 63
Futuro anteriore (Gebrauch) 63

Genitiv: Wiedergabe des deutschen G. 18
Gerundium (Gebrauch) 78; mit unbetontem Pronomen 35; **andare** + G. 79; **stare** + G. 79
già: Stellung 96
gli: bestimmter Artikel 25; unbetontes Personalpronomen 31
glielo 33
grande: Steigerung 24; Stellung und Bedeutung 22; vor Substantiven 21
grazie a 103

Höflichkeitsform 48; Pronomen der H. 30

i: bestimmter Artikel 25
i cui: Relativpronomen 41
il: bestimmter Artikel 25
il che: Relativpronomen 41
il cui: Relativpronomen 41
il quale: Relativpronomen 41
Imperativ (Gebrauch) 64; mit unbetontem Pronomen 35; in der indirekten Rede 74
Imperfetto (Gebrauch) 60; Gegenüberstellung von I. und *passato prossimo* 61

113

in: 99 mit bestimmtem Artikel 27
in base a 104
Indefinita 44
Indikativ 58
indirekte Rede 73; i. Frage 74;
  Imperativ in der i. R. 74
infatti 107
inferiore 24
infimo 24
Infinitiv (Gebrauch) 75; präpositionslos 75; mit **a** 77; mit **da** 77;
  mit **di** 76; als Ersatz für Relativsatz 78; in verkürzten Sätzen 78;
  mit unbetontem Pronomen 34;
  fare + I. 83; **stare per** + I. 83
Infinitivsatz anstelle des *che*-Satzes
  67; in der indirekten Rede 74
in fondo a 104
in maniera che 109
in merito a 104
in mezzo a 104
in modo che 109
inoltre 106
in seguito a 104
intorno a 104
invece: Konjunktion 106; Präposition 104
io: betontes Personalpronomen 29
i quali: Relativpronomen 41

Komparativ 97
Konjunktionen: 106; nebenordnende K. 106; unterordnende
  K. 107

l': bestimmter Artikel 25
la: bestimmter Artikel 25; unbetontes Personalpronomen 31
la cui: Relativpronomen 41
la quale: Relativpronomen 41
la qual cosa: Relativpronomen 41
le: bestimmter Artikel 25; unbetontes Personalpronomen 31
le cui: Relativpronomen 41
le quali: Relativpronomen 41
lei: betontes Personalpronomen 29
li: unbetontes Personalpronomen 31
lo: bestimmter Artikel 25; unbetontes Personalpronomen 31

lontano da 104
loro: betontes Personalpronomen
  29; unbetontes Personalpronomen 31; Possessivpronomen 37
lui: betontes Personalpronomen 29
lungo 104

ma 106
maggiore 24
mai 99
male: Steigerung 96
malgrado: als Konjunktion 108;
  als Präposition 104
massimo 24
me: betontes Personalpronomen 29
mediante 104
meglio 96
meno im Komparativ 23; Steigerung von **poco** 96; als Präposition 104
mentre: Gegensatz; Zeitbegriff 104
mi: unbetontes Personalpronomen 31
mica 99
mio: Possessivpronomen 37
migliore 24
minimo 24
minore 24
molto: Steigerung des Adverbs 96;
  Indefinitpronomen 44, 46

ne: Pronominaladverb 33
né 106
né...né: als Konjunktion 107; in
  der Verneinung 99
neanche se 108
nel caso che 108
nemmeno: in der Verneinung 99
nessuno/a: Indefinitpronomen
  44, 45; mit der Verneinung 99
niente: Indefinitpronomen 44, 45;
  mit der Verneinung 99
no 98
noi: betontes Personalpronomen 29
Nominativ: Wiedergabe des deutschen N. 18
non 98
nonché 106

nonostante 104, 108
nostro: Possessivpronomen 37

o 106
o...o 107
Objekt: direktes O. 18; indirektes O. 18; Stellung des indirekten O. 109
ogni: Indefinitpronomen 44, 45
ogni volta che 107
ognuno/a: Indefinitpronomen 44, 45
oltre (a) 104
oppure 106
ottimo 24

parecchio/a/i/e: Indefinitpronomen 44, 46
Partizip Perfekt (Gebrauch) 80; als Adjektiv 22; mit unbetontem Pronomen 34; Veränderlichkeit des Partizips mit **essere/avere** 80; **andare** + P. p. 83
Passato prossimo (Gebrauch) 59; Gegenüberstellung von P.p. und Imperfetto 61
Passato remoto (Gebrauch) 60
Passiv 81
peggio 96
peggiore 24
per 101
perché: Fragewort 43; Konjunktion 108
perciò 106
per mezzo di 105
però 106
per paura che 108
per quanto 108
per questo 106
Personalpronomen: betonte P. 29; unbetonte P. 31; Kombinationsformen der unbetonten P. 33; Stellung der unbetonten P. 34; in der indirekten Rede 74
pertanto 106
pessimo 24
piccolo: Steigerung 24
più im Komparativ 23; in der Verneinung 99; Steigerung von **molto** 96
più...di quanto 109

piuttosto che 109
Pluralbildung: der Adjektive 20; der Substantive 14
poco: Steigerung des Adverbs 96; Indefinitpronomen 44, 46
poiché 108
Possessiva 37
potere: mit welchem Hilfsverb 53; mit Pronomen 35
povero: Stellung und Bedeutung 22
Presente (Gebrauch) 58
presso 105
prima che 107
prima di: Infinitivsatz mit *prima di* 78; als Präposition 105
proprio: Possessivpronomen 38
purché 109

qualche: Indefinitpronomen 44, 45
qualcosa: Indefinitpronomen 44, 45
qualcuno/a: Indefinitpronomen 44, 45
quale: Fragewort 42
quali: Fragewort 42
qualunque: Indefinitpronomen 44, 45; in Nebensätzen mit Konjunktiv 67
quando: Fragewort 43; Konjunktion 107
quanto/a/i/e: Indefinitpronomen 44, 47; Fragewort 42
quasi: Stellung 96
quello: Demonstrativpronomen 36
quello che: Relativpronomen 40
questi...quegli: Demonstrativpronomen 36
questo: Demonstrativpronomen 35
quindi 106

Relationsadjektive 22
Relativpronomen 40
Relativsätze; R. mit Konjunktiv 68; im Infinitiv 78
riguardo a 105
rispetto a 105

salvo 105
santo: vor männlichen Substantiven 21
sapere mit unbetontem Pronomen 35
se 108
sé: betontes Personalpronomen 29
sebbene 108
semplice: Stellung und Bedeutung 22
sempre: Stellung 96
senza: als Konjunktion 109; als Präposition 105
si: unbetontes Personalpronomen 31; Reflexivpronomen 31; unpersönliches Subjekt 82
sia...sia/che 107
siccome 108
solo: Stellung und Bedeutung 22
sommo 24
sopra 105
sotto 105
Spaltsätze 111
stesso: Demonstrativpronomen 37
Substantiv 12; besondere Endungen 18; Geschlecht 12; Personenbezeichnungen 13; Pluralbildung 14; zusammengesetzte S. 14
su: 105; mit bestimmtem Artikel 27
suo: Possessivpronomen 37
superiore 24
Superlativ: absoluter S. des Adjektivs 23; absoluter S. des Adverbs 96; relativer S. des Adjektivs 23; relativer S. des Adverbs 96
supposto che 109
supremo 24

tale/i: Indefinitpronomen 44, 47
talmente...che 109
tanto/a/i/e: Indefinitpronomen 44, 46
tanto...che 109
tanto...quanto 107
te: betontes Personalpronomen 29
ti: unbetontes Personalpronomen 31
tramite 105
tranne 105

Trapassato prossimo (Gebrauch) 63
Trapassato remoto (Gebrauch) 63
troppo/a/i/e: Indefinitpronomen 44, 46
tu: betontes Personalpronomen 29
tuo: Possessivpronomen 37
tuttavia 106
tutto/a/i/e: Indefinitpronomen 44, 47

Uhrzeit 9
un: unbestimmter Artikel 28
un': unbestimmter Artikel 28
una: unbestimmter Artikel 28; Indefinitpronomen 44
uno: unbestimmter Artikel 28; Indefinitpronomen 44
unpersönliche Verben: 57; mit Nebensätzen im Konjunktiv 67

vario/a/i/e: Indefinitpronomen 44, 47
Verb: V. auf -are 48; V. auf -ere 50; V. auf -ire 52; reflexive V. 53; unpersönliche V. 57; V. und ihre Objekte 84
Verneinung: einfache V. 98; mehrteilige V. 99
verso 105
vi: unbetontes Personalpronomen 33; Pronominaladverb 32
vicino a 105
visto che 108
voi: betontes Personalpronomen 29
volere: mit welchem Hilfsverb 53; mit Pronomen 35
vostro: Possessivpronomen 37

Wortstellung: Aussagesatz 109; Fragesatz 110; Hervorhebung 110

Zahlwort: Grundzahlen 8; Maße/Gewichte 9; Ordnungszahlen 10; Vervielfältigungszahlen 11
Zeitenfolge: 70; mit dem Hauptsatz im *Condizionale* 72; in Nebensätzen mit *Congiuntivo* 71; in Nebensätzen mit Indikativ 70